I0129264

Ignaz Brüll, Victor Léon

Schach dem König!

Komische Oper in 3 Akten: Op. 70

Ignaz Brüll, Victor Léon

Schach dem König!
Komische Oper in 3 Akten: Op. 70

ISBN/EAN: 9783743629103

Hergestellt in Europa, USA, Kanada, Australien, Japan

Cover: Foto ©Thomas Meinert / pixelio.de

Weitere Bücher finden Sie auf **www.hansebooks.com**

Schach dem König!

Komische Oper

in 3 Akten

nach Schaufferts gleichnamigem Lustspiel

von VICTOR LEON.

Musik von

IGNAZ BRÜLL.

OP. 70.

Klavier-Auszug m. Text ... M. 6,— netto —
„ „ „ eleg. geb. M. 7,50 netto.

Verlag von Jul. Heinr. Zimmermann.

LEIPZIG. ST PETERSBURG. MOSKAU.

Copyright 1893 by Jul. Heinr. Zimmermann.

PERSONEN.

Jakob I., König von England . . . . Bass.

Archie Armstrong, Hofnarr, des Königs Günstling . . . . . Bariton.

Herzog von Lennox ⎫   Bass.

.Graf Montgomery ⎬ Erste Hofwürdenträger .   Bass.

Lord Chandos ⎭   Tenor.

Herzogin von Lennox ⎫   . Alt.

Gräfin Montgomery ⎬ deren Gemahlinnen   Sopran.

Lady Chandos ⎭   . .   Sopran.

Lord Henry Rich . .   .   Tenor.

Isabella Cope, Hofdame . .   . . Sopran.

Charles, Page des Lord Rich . . . . . . Alt.

George Calvert, Geheimschreiber des Königs.   . . . . Bariton.

John Thomson, Schiffsrheder .   . . . Bassbuffo.

Harriet, dessen Tochter .   . . . Mezzo-Sopr.

Ein Constabler   Bass-Bariton.

Ein Wirth.

Hofleute, Hochzeitsgäste, Musikanten, Brautjungfern. Matrosen,
Constabler. Pagen. Fischweiber.

— · —

Ort: London.

Zeit: 1612.

———

Dauer der Handlung: Ein Tag.

INHALT.

Ouverture.

Copyright 1893 by Jul. Heinr. Zimmermann. Z. 1945 Stich und Druck von F.M.Geidel, Leipzig

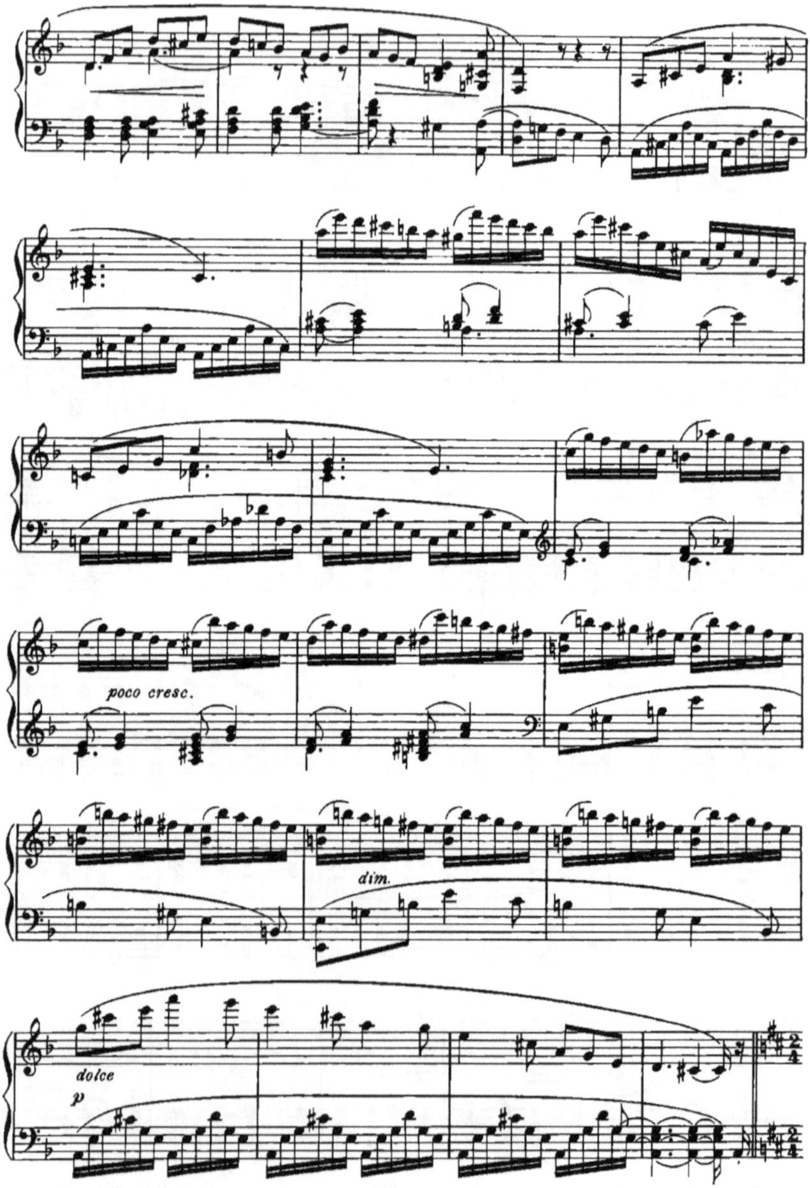
poco cresc.
dim.
dolce
p

Allegretto scherzando. ♩ = 108.

sempre p

Z. 1945

4

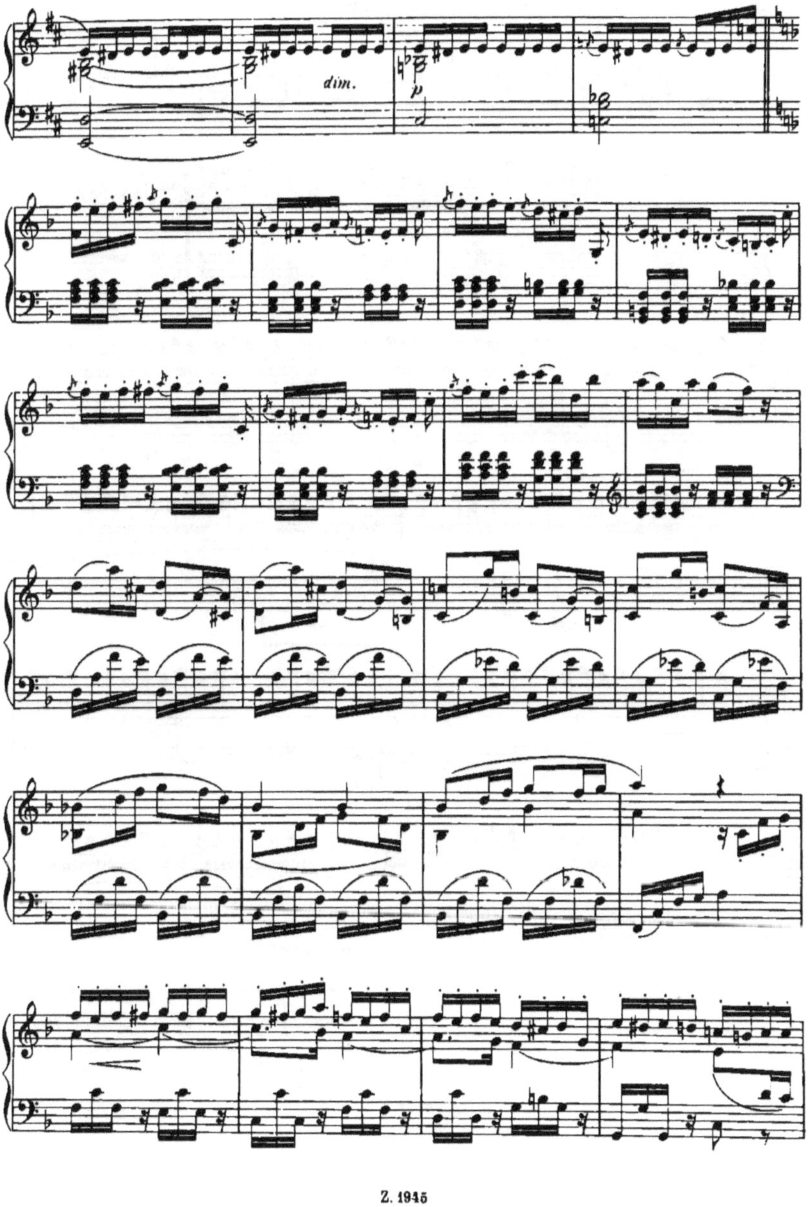
dim.
p

Moderato.
(trillo)

ff
dim.
Poco più mosso.
p
pp
Tempo I.
morendo
pp
mf
pp
p rit.
a tempo
pp
Ped.

8

1. Act.

(Saal im Palaste zu Whitehall mit Eingängen auf 3 Seiten. Ein Thronsessel, zu dem etliche Stufen führen. Gegenüber Tisch mit Schreibzeug; Stühle — Ein Fenster.)

1. Scene.

Lord Rich, dann Page Charles.

Allegro assai. ♩ = 208.
(Rich sitzt beim Tische, blickt ungeduldig nach der Thüre)

(Vorhang auf.)

p

f

(springt ungeduldig auf)

Rich.

Noch im - mer kei - ne Ant - wort, im - mer kei - ne Ant - wort!

(geht ungeduldig auf und ab)

R.

Kei - ne!

f

Copyright 1893 by Jul. Heinr. Zimmermann. Z.1945

R.
Bei Gott, viel Zeit lässt sich der
p
R.
Klei - ne!
espressivo
R.
Wird I - sa - bel - la mich er - hö - ren? Wird sie das Stelldich-
R.
ein ge - wäh - ren?
Allegro moderato. ♩= 132.
Charles. (tritt ein)
(Charles verbeugt sich)
Mylord! Die
R.
Endlich!
Nun sag' an!
Allegro moderato.
tr

10

(überreicht ein Bouquet)

C. Blumen hier nahm sie nicht an!

erscheint sie

R. Teu - fel! Und beim Stelldichein‒

(bedauernd, mit den Achseln zuckend)

C. nicht! Lei - der nein! My - la - dy sprach kein

(verblüfft)

R. So?! Warum?

2. Scene.

C. Wort, eh ich's ge - dacht, war sie schon fort!

(Archie Armstrong, der bucklige Narr

R. Was that ich ihr? Was mag sie

tritt unbemerkt ein, setzt sich auf den Thron) (schmachtend)

R. wol - len? Nicht deut ich mir ihr ew'ges Schmollen! O I - sa - bel - la!

Z. 1945

Più mosso. (Allegro.)
(Charles ab.)
C.
Armer Lord!
(heftig, giebt Charles das Bouquet)
R.
Da nimm die Blumen wieder! Fort!
Più mosso. (Allegro.)
mf
dim.
2. Scene.
Allegro.
(geringschätzig)
Du bist's, Narr?
Narr. (Rich nachäffend)
O I-sa-bel-la!
Ja, Mylord, wir sind Col-
Allegro.
pp
mf
p
N.
le-gen! Ich bin der Narr für Königs Zeit-ver-treib,
f
Ihr seid der Narr nur für ein Weib! Nun, Herr Col-le-ge, kündet mir, wer ist
tr
p

Andante. ♩= 84.
Rich.
(ärgerlich)
(Lennox tritt ein)
Geh, Narr!
N.
närrischer_
ich,
o-der Ihr?
Lennox.
(zu Rich)
Gott grüss Euch
Andante.
R.
Seid willkommen!
Willkommen!
Willkommen!
Chandos.
(eintretend)
Gott zum Gruss!
Montgomery. (tritt ein)
Gott grüss Euch!
Narr. Recit.
Habt Ihr die Neu-ig-keit ver-nommen?
Der Her-zog da wird heut verklagt!
Allegro moderato.
Recit.
N.
Die Her-zogin will nicht gestatten die
Lennox.
Ich?
Wesshalb?
Wer hätt's gewagt?

Allegro moderato.
N.
Pfei - fe dem ge-strengen Gat - ten! Sie will's nicht, dass er Ta - bak schmaucht, sie
will's nicht, dass der Her - zog raucht und so ver - - let - ze des Kö - nigs Ge -
bot!
Rich, Chandos.
Er raucht!
Rich.
Ich rau - che!
Montg.
Er raucht!
Lennox.
Wer nicht raucht, sag' mir's in's Gesicht!
Ossia:
Ja, ich rauch!
Chandos.
Ja, ich rauch!
(für sich)
Und ich_ ganz selbstver-ständlich auch!
Montg.
Gleich - falls!

(Zu den Andern)
N.
So tritt denn heut die Her-zo-gin an-klagend vor den Kö-nig
hin!
Chandos.
Ich auch nicht!
Rich.
Das
Montg.
Möcht' nicht an Eu-rer Stel-le sein!
Lennox.
Narrethein!
R.
Rauchen zu ver-bie-ten! Die-se neu-e herr-li-che Er-fin-dung!
Das
hat wohl sei-ne tie-fe-re Be-grün-dung. Der Kö-nig sagt: Das Ta-bakkraut ist
Gift, im Höl-lenschlund ge-braut!

Allegro vivace. ♩ = 100.

Montg.

(Alle horchen)

Was soll der Lärm?

Chor der Fischweiber.

Sopran. (hinter der Scene)

Helft uns, helft uns, wei - - ser Kö - nig, dem wir na - - hen

Alt.

Allegro vivace.

un - - ter-thä - - nig, helft uns, helft uns, wei - - ser Kö - nig,

Chandos.

Was mag das sein?

(Sie hören zu bis
der Chor geendet.)

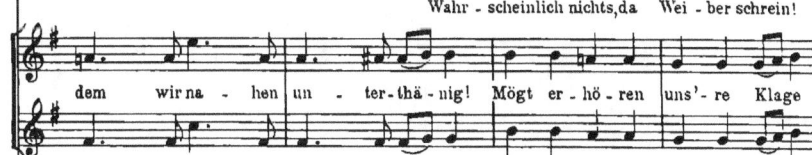

Narr.

Wahr - scheinlich nichts, da Wei - ber schrein!

dem wir na - hen un - ter-thä - nig! Mögt er - hö - ren uns' - re Klage

Z. 1945

16

und be-frei'n uns von der Plage, die uns furchtbar heim-gesucht, von dem Kraut,

das verflucht. Helft uns, dass wir nicht ver-fal-len der-einst Sa-tans

cresc.

Teu-fels-krallen! Helft uns, wei-ser Kö-nig! Uns'-re Män-ner, die-ses Pack,

al-le, al-le, al-le, al-le rauchen sie Ta-bak!

3. Scene.

Allegro moderato. ♩= 112. Vorige, George Calvert.

Rich.

Montg. Der Schreiber seiner Maje-stät!

Der weiss wohl wie's hier steht und

Allegro moderato.

espress.

f *p*

Calvert.(will über die Bühne gehen)   Montg. (ihm nachrufend)(Calvert bleibt stehen)

geht.   Schön gu-ten   Mor - gen,   ed - le   Lords!   Na,   würdigt Ihr uns kei-nes

Calvert.(verbeugt sich tief) Lennox.   Narr.

Worts?   Herr Graf!   Was giebt's denn Neu-es heut? Was Neu - es, das er   bald   be-

Andante.   Lennox.

reut: Ein schwe -   - res   Un - glück ihn be - droht!   Ein

Chandos.   Rich.   **Allegro moderato.**

Ein Un-glück!   Wie?

Montg.

Un - glück!   Ein Un - glück!   Er hei-rathet_   ganz ohne Noth!

Allegro moderato.

cresc.   *p*

Rich.
(reicht ihm die Hand)
Ja rich tig! Heut soll Hochzeit sein! Ihr Glück - - licher
espressivo
R.
Montg.
'sist John Thom - son's
Welch' Lieb - chen fein habt zum Altar Ihr Euch be - stellt?
Flöte.
R
Töch - ter-lein.
Chandos.
Ist sie schön?
Narr.
Dummes Zeug! Sie hat Geld!
Lennox.
Ist sie jung?
Calvert. (will auffahren, beherrscht sich)
Hab' wirklich nicht da - ran gedacht, ob
dim.

Schätze mir er-blüh'n_ ich sah aus holdem An-gesicht zwei sü - sse

Au-gen glüh'n! Hab' wirklich nicht da - ran gedacht, ob Gold das Glück mir

bringt_ ich sah nur ei-nen Ro-senmund, der zaub- -risch mir erblinkt!

Da ging's in meinem Herzen auf wie gold' - ner Son - nen -

Ca.
Ju - belruf im Mai'n, wie Ju - bel-ruf im
mf
Mai'n.
f
dim.
Hab'
wirk-lich nicht da - ran gedacht, dass ich ein ar-mer Fant_ ich hielt ganz still und
p
lauschte nur, was mir ihr Herz ge-stand!
Narr.
Poco più mosso.
So ist's! Wer niemals was ge-
espr. rit.
Poco più mosso.

(trocken)   (will gehen)

So ist's! Mein Compli-ment, Ihr Herrn!

noch stets sein Glück gemacht!

Allegro.

Wir wüssten gern, wer vor - hin so spec-ta - cu -

Calvert.

Fischweiber waren's, die Klag' geführt bei Kö-nig Ja-cob!

Ca.

In dem Punkt kei-nen Spass versteht! Er wird die Sün - der hart be-

L.

Ja-cobs Ma-je-stät?

Ca.

stra - fen, und hat ge - ruht, manch' Pa-ra - graphen den braven Weibern vor - zu-le-sen

Ca.

aus seinem Wer-ke „Mi-so-kapnos" wo-rin er Rauchen di - fi - nirt als

Moderato.

Ca.

höl - lisches Werk des Bö - sen! Doch nun ver-zeiht_ (will gehen)

Lennox.

(zaghaft)

Moderato.

Noch

Allegro. ♩ = 168.

L.

Eins, Herr Sekre - tär! Weiss wohl der König schon die dumme Mär, dass

Calvert. (unterbricht ihn)

Euch verklagen, weil Ihr zu rau - - - chen konntet wagen? Kein

mei - ne Frau will

Wort! Er weiss auch nicht, dass noch zwei Da-men des Tabaks wegen kla - gen

ril. *a tempo*

mf *p* *p*

kamen. Es wär Euch fremd, dass Eu - re Gat - tin

Montg.

Zwei Damen? Wer?

Chandos. (Mitgefühl heuchelnd, drückt Montgomery die Hand)

Ich con-do - li - re!

(erschrickt, für sich)

Un - - verschämt! (schadenfroh) (reibt sich die Hände)

~~Lennox.~~

Ei, ei, Herr Graf!

sf

Z. 1945

(angelegentlich zu Calvert)

Ch.

Calvert.

Doch wer ist die Zwei-te? Sa-get mir!

Ich

(perplex)

Ch.

Ca.

Meine Frau?!

Lennox.

denk, das wis-set Ihr genau, 's ist Eu-re Gemah-lin! Ei,

Rich.

(zu den Lords)

Narr.

(zu den Lords) Möcht' nicht an Eu-rem Plat-ze steh'n!

(schadenfroh)

Möcht' nicht an Eu-rem Plat-ze steh'n!

L.

ei, Mylord, Na, das ist schön!

Moderato. ♩ = 104.

Chandos.

(die Köpfe zusammensteckend)

Wie wird es uns er-geh'n?

Calvert.

Montg, Lennox.

Moderato. Der König! Still! Wie wird es uns er-geh'n?

Trompet
h.d.Scene

Z.1945

4. Scene.

(Vorige: Der gesammte Hofstaat mit Isabella Cope. Zuletzt der König von Garden und Pagen umgeben.)

(Der König tritt ein und besteigt den Thron)

(Alle verneigen sich tief. Der Narr hat sich auf die Stufen des Thrones gesetzt)

König. Recit.

Mit Kummer haben wir ge-hört von Weibern aus des Vol-kes Schichte, die

von der Ma-je-stät be-gehrt, dass streng sie sit-ze zu Ge-rich-te, wie

26

Allegro moderato.

ih - re Män - ner Fre - vel trei - ben und sich dem Sa -

- ta - nas ver-schrei-ben! Er-fahrt mit uns___ die ar - ge Kun - de: Fast

Meno mosso. *(Molto moderato.)*

Je - der hält an sei - nem Mun-de die Ta - baks-pfei - fe!

Je - der raucht Ta - bak in unserm Lon - don Tag um Tag! Wie

kommt's, Ihr Herrn, dass gar nichts wir ge - hört? Dass Ihr nicht Eu-res Amts ge - wal - tet,

Z.1945

ob je-ner Pest, die mir mein Volk ver-heert und der Fa-

mi-lien Heil zerspaltet? Ihr wen'ges Geld geht auf für's Rau - chen,

die Kin-der hun-gern und sie pfau - - chen! Ihr

Più mosso. *(Allegro moderato.)* ♩ = 132.

sol-let sein des Rei-ches Wache, für Eu-ren Kö-nig ü-ben Rache

und mein Ge-bot ist Euch bekannt: Ver - pö-net ist Ta-bak in En-gel-land!

a tempo

Narr. (boshaft)

Gevat - ter, es mag da - her kommen, dass nichts be - merkt

des „Rei - ches Wäch - - ter," weil je - der sicher von den Frommen grund-

gründlich ist Ta - baks - ver - - äch - ter! Sah'n sie auch rau - chen and'- re Leu - te

(mitleidig)

sie wussten nicht, was es be - deu - te!

König.

Wohl, Mylords,

wir wollen's hoffen, jedoch von nun die Augen of - fen!

5. Scene.

Vorige. Gräfin Montgomery, Lady Chandos, Herzogin von Lennox.

Z. 1945

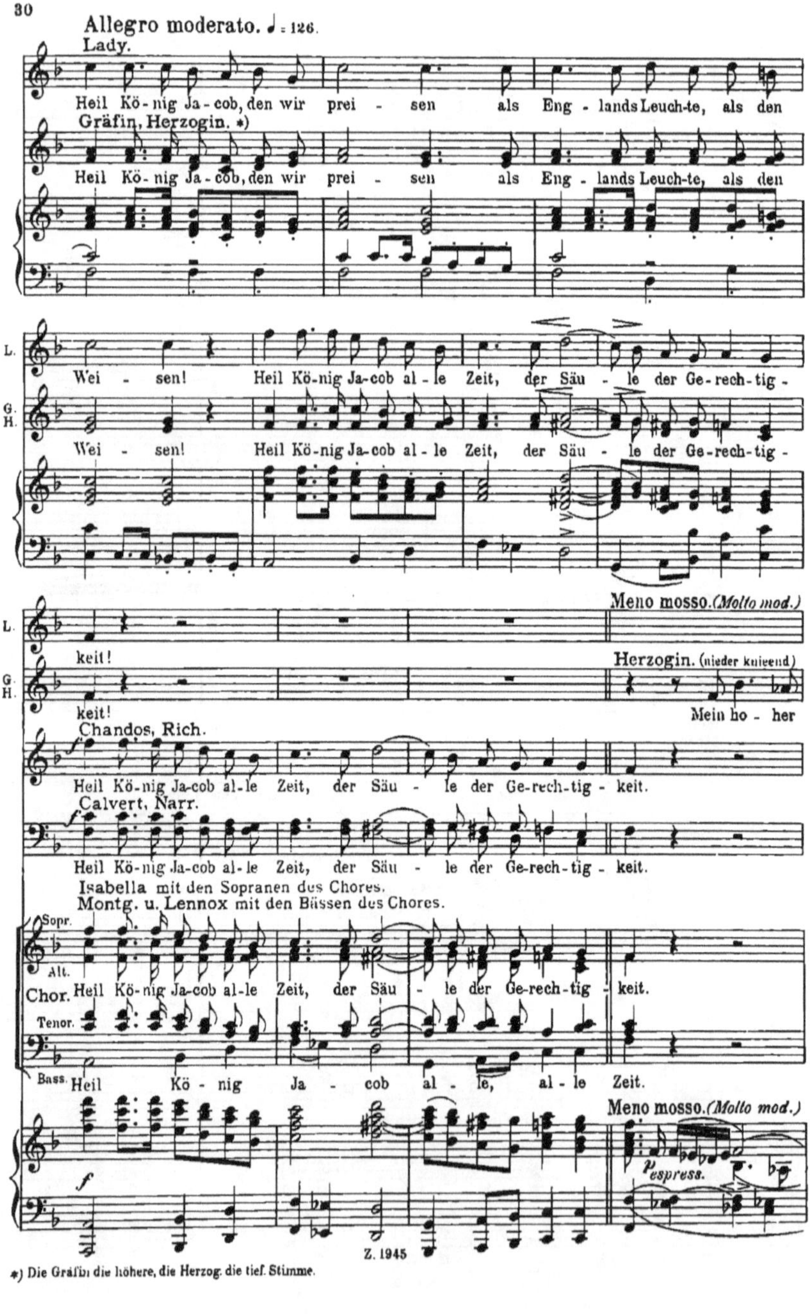

*) Die Gräfin die höhere, die Herzog. die tief. Stimme.

Lady.
(kniet)
Gro - sser Fürst!
Gräfin.
(niederknieend)
O mein Kö-nig!
Herr!
König. (befremdet)
Frau Her-zogin!
Grä-fin!
(theilnahmsvoll)
Steht
mf
Allegro moderato.
(Die Ladies stehen auf)
vivo - - - a tempo
auf, My-la-dies, knieet nicht! Was ist's, wo-ran es Euch gebricht?
Trp.
pp
p
♩ = 144.
Lady.
mf
f
Wir kla - gen! Wir kla - gen! Wir kla-gen fei-erlich und
Gräfin, Herzogin.
L'istesso tempo. (Allegro mod.)
Wir kla - gen! Wir kla - gen! Wir kla-gen fei-erlich und
dim.
pizz.
laut der sün - digsten Ver-bre - chen die Män - ner, die uns an-getraut und
laut der sün - digsten Ver-bre - chen die Män - ner, die uns an-getraut und

L.
Hohn der Sit-te spre-chen! Wir kla-gen fei-er-lich und laut_ Du,
G.
H.
Hohn der Sit-te spre-chen! Wir kla-gen fei-er-lich und laut_ Du,
Bläser.
Kö-nig, wirst's be-grei-fen: Die Män-ner rau-chen Teu-fels-kraut aus
Kö-nig, wirst's be-grei-fen:
lan-gen, gro-ssen Pfei-fen!
Gräfin.
Ja, je-den Tag man sie erschaut mit
lan-gen, gro-ssen Pfei-fen! wir
Herzogin.
Wir kla-gen laut und fei-er-lich,

Lady.

poco sosten.

er-hab' - ner Fürst, dein Ur - theil sprich!

kla-gen laut und fei-er-lich, er-hab' - ner Fürst, dein Ur - theil sprich!

er-hab' - ner Fürst, dein Ur - theil sprich!

Animato.

König. (empört)

Was mü-ssen wir hö - ren! My - lords, Ihr könnt Euch so be-thö - ren? Herr

Herzog, Graf und Ihr, Mylord?! Wir glauben's nicht, bei unserm Kö - nigswort! Ihr

raucht? Hor - ri - bi-le! Ihr raucht? Wir können's

nim-mermehr be-grei-fen. Drei Lords. mit

Z. 1945

K. lan - gen Ta - baks - pfei - fen!

Poco più mosso. *(Allegro.)* ♩ = 160.

K. Mylords, vertheidigt Euch!

Lennox. *(zögernd und achselzuckend)*

Mein Herr und Fürst, ich's ehr - lich sag'_ mir

Poco più mosso. *(Allegro.)*

L. schmeckt einmal der Rauchta - bak! An ein paar gu - ten

Montg. *(ebenso)*

Chandos. *(schüchtern)*

Ja, ich, mein

N. Pfei - fen - zü - gen,_ da find' ich mein Ver - gnügen!

Ch. Fürst, nicht an - ders kann_ ich schliess mich diesen Herren an.

Z. 1945

Lady.
Sie ha - ben keck - lich es be - kannt, die Schuld ein Je - der ein - ge -
Gräfin, Herzogin.
Sie ha - ben keck - lich es be - kannt, die Schuld ein Je - der ein - ge -
Chor.
Sie hat der Teu - fel ü - ber - mannt! Die Schuld ein Je - der ein - ge -
(Der König verlässt langsam den Thron.)
stand, sie ha - ben keck - lich es be - kannt!
stand, sie ha - ben keck - lich es be - kannt!
König.
Wir
Sie hat der Teu - fel ü - ber - mannt!
stand!
dim.
Moderato con moto. ♩ = 104.
K.
möchten auf das Haupt uns A - sche streu'n, in här - ne Sä - cke unsre Glieder hül - len, sehn

K.
wir nun Satans Macht mit Schaudern dräu'n und teuf-lisch Treiben Eu-er Herz er-fül-len!
Ja, mit dem Teu-fel ste-het Ihr im Bun-de,
der schwacher Men-schen Seelen verstri-cket, dass diese, einen Feuerbrand am Munde
und wie ein Schornstein rauchend man er-bli-cket! O vae! O
vae et do-lor! O lasst vom Rauchen ab!
Lennox.
Liess
mf
pp
f

Chandos.
(schüchtern)
Montg.
Auch
ich's.. ich grü-be mir mein Grab! Ich kann's nicht las - sen, ich würd' ster - ben!
p
Ch.
mich könnt' man dann gleich be - er-ben.
König.
(halb den Thron wieder hinaufsteigend)
Ihr kecken Her - ren!
f
K.
Wir sind nun zu En-de! Wir ha-ben's dar ge-legt in un-serm Bu-che, das
p
Poco più mosso. (Allegro) ♩= 120.
K.
„Mi - so - kap - nos" wir ge-nannt, dass Ta-bak des Sa - tans Spen - de,
K.
die je-der fromme Mann ver - flu - che! Wir ha-ben klar dies Teufelswerk erkannt!

K.

Ihr habt des Zornes Bo-gen mir zu straff gespannt:

Lasst Ihr den Tabak nicht,

fp   *mf*

Moderato.

K.

seid Ihr verbannt!   Wählt zwischen Tabak und Va - terland!

f   *p*

(König, Calvert und der Hofstaat ab; es bleiben die 3 Lords, die 3 Damen, der Narr, der ruhig auf den Stufen sitzen

f

blieb, Isabella, Rich.)

dimin.

Lady.

Wählt zwischen Ta-bak und Va- - ter-land. (mit einem Blick auf Rich)

Isabella.

riten.

Noch ei - ne Stra-fe ü-brig blie-be:

Gräfin.

Wählt zwischen Ta-bak und Va - - ter-land.

Herzogin.

Wählt zwischen Ta-bak und Va - - ter-land.

mf   *p*

Più mosso. (Allegro non troppo.) ♩= 144.
a tempo
dolce
(Der Narr steht auf.)
Narr.
Wählt zwischen Tabak und Lie - be!
Ich muss den Rathschlag
N.
ü - bel nennen; Was Gott zu - sammenfügt - soll kei - ne Pfei - fe trennen!
Meno mosso. (Moderato.) ♩= 108.
Allegro non troppo.
♩= 132.
Lady.
Wählt zwischen Ta - bak und Lie - be!
(Damen und Narr ab.)
Gräfin.
Wählt zwischen Ta - bak und Lie - be!
(Isabella lässt ihren Fächer auf dem Tisch liegen.)
Herzogin.
Wählt zwischen Ta - bak und Lie - be!
Meno mosso. (Moderato.)
Allegro non troppo.
mf
f
dim.
Lennox.
War so was je er -
sfz

Chandos.
(kläglich)
Montg.
Lennox.
Der
L.
hört! Tief bin ich d'rob em - - pört! Der Kö-nig hat uns fort - - ge-jagt!
sfz
f
Ch.
poco rit.
Lie - be Pflicht ist uns ver - sagt!
a tempo
So seid denn, Lei-densge - nos-sen, zum
p
L'istesso tempo.
(Allegro.) 𝅗𝅥 = 132.
Wi-derpart kühnlich ent - schlossen! Wir wandern fort von En-ge-
land, dieweil der Kö-nig uns ver-bannt, dieweil in pflicht - - vergess'ner
Art der E-he-bund zer-ris-sen ward. Ich blei-be fest und geh'! A - -

Chandos.

Wir wandern fort von En - ge - land, dieweil der

Montg.

Wir wandern fort von En - ge - land, dieweil der

L.

de! A - - de! A - - de! Wir wandern fort von En - ge - land, dieweil der

Kö-nig uns ver - bannt, dieweil in pflicht - - vergess'ner Art der E - he -

Kö-nig uns ver - bannt, dieweil in pflicht - - - vergess'ner Art

Kö-nig uns ver - bannt, all - die - weil der al - te E - he -

Ch.

bund zer - ris - sen ward. Ich blei - be fest und geh'! A - de! A - de! A -

M.

- ge - han-delt ward. Ich blei - be fest und geh'! A - de! A -

L.

bund zer - ris - sen ward. Ich blei - be fest und geh'! A - de! A -

Ch.
de! Ich blei-be fest! Ich blei-be fest!
M.
de! Ich blei-be fest! Ich blei-be fest! Ich blei-be
L.
de! Ich blei-be fest! Ich blei-be fest! Ich blei-be
Rich. (den abgehenden Lords nachsehend, lächelnd für sich.)
Ich denk', dass ich Euch blei - ben seh, sag'noch nicht A -
Ch.
A de! Ich geh'!
(Die drei Lords gehen ab.)
M.
fest! A-de! Ich geh'!
L.
fest! A-de! Ich geh'!
p
dim.
R.
de!
pp
dim.
ppp

6. Scene.

Più mosso. (Allegro vivace.) 𝅗𝅥 = 200.
(Isabella tritt ein, ohne Rich anzusehen.)
Rich.
My-la - dy!
p
Isabella. (suchend)
Ja? Ich suche meinen Fächer!
(Rich nimmt ihn rasch vom Tisch und reicht ihn ihr.)
Er ist schon da.
(Isabella kühl
Ich
sich verbeugend.) (geht)
dan - ke!
Più mosso. 𝅗𝅥 = 126.
(Isabella wendet nur den Kopf.)
My-lord?
Più mosso.
espress.
My-la - - dy!
I.
R.
Nun?
Nur auf ein Wort, ein einz'ges!
Dies e - - wi-ge Schmollen!
espress.

Allegro moderato.
R.
Sagt, was könntet Ihr da-mit denn wol - len?
R.
Wes - halb ver-schmäht Ihr mei-ne Ga - - -
R.
ben, ver-wei - gert mir das Stell-dich - ein.. Was
Isabella.
Stets
R.
mag ich denn ver - bro - chen ha - ben? Ich fühl' mich schuld - los.
(ironisirend)
I.
sagt Ihr, dass ich ganz al - lein in Eu-rer See - le woh - ne, stets

sagt Ihr, dass ich ganz al - lein in Eu-rem Her-zen thro-ne! Stets
sagt Ihr, dass ich ganz al - lein bin Eu-er ew'-ges Denken das sagt Ihr so,
(schroff)
Vivo.
doch kann ich nicht den Wor-ten Glau - ben schenken!
Rich.
A - ber ich schwö-re
Vivo.
Allegretto.
Ah! Ihr ver - stellt Euch nur, Ihr ver-stellt Euch nur, habt von Ehrlichkeit
Euch.
Allegretto.
kei-ne Spur! Und ob von Lieb' Eu-er Mund auch spricht, nein, ich

I.
trau Euch nicht, glaub' Euch nicht.
Rich.
O ver - ken-net mich nicht, ver - kennet mich
I.
Ich trau' Euch nicht, nein,
R.
nicht, nur Lieb' aus mir spricht.
I.
dolce
nein! Euch glaub' ich nicht. Dass Eu-re
R.
Doch wa - rum meint Ihr.
sf
pp
I.
Schwüre nichts taugen? Ich le-se in Eu-er-en Au-gen, se-he d'rin,

schnell
I.
was ich nicht mag. Ei-ne Pfei-fe Ta-bak.
Rich.
(verwirrt)
Was denn? Ich kann Euch nicht ver-
sf
a tempo
I.
Ein klein we-nig Kopf, ein klein we-nig Geist, dann fasst, be-
R.
steh'n!
p
I.
greift Ihr, was dies heisst. Ein klein we-nig Kopf!
(für sich)
R.
Schon ahnt es mein Kopf! Schon
I
Ein klein we-nig Geist! Ah! Ihr ver-
R.
dämmert's im Geist! Ver-steh' schon, was dies heisst!

I. stellt Euch nur, Ihr ver-stellt Euch nur, habt von Ehrlich-keit kei-ne Spur

R. O ver-kennet mich nicht! Ver-kennet mich nicht! O ver-

I. Ich trau' Euch nicht nein, nein, Euch glaub' ich

R. kennet mich nicht! Treu-e Lieb' stets aus mir

dolce

dolce

pp

Moderato.
(reicht ihm die Hand zum Kusse)

Tempo I.
(senza rit.)

(will gehen)

I. nicht! Bes-sert

(gekränkt)

R. spricht. Ganz oh-ne Ab-schied? **Moderato.** **Tempo I.**

espressivo

p

mf

f

(ab)

I. Euch!

(ruft)

R. He,

7. Scene.

Moderato. ♩=96.

(Charles tritt auf.)

Charles.

Charles!

Mylord?

Rich.

Nun ist es son-nen-klar, was ih-res Schmollens Ur-sach war. Sie weiss es, dass ich

Charles.

Was nicht gar!

rau-che! Nun heisst es: Ta-bak o-der I-sa-bel-

C.

Ich wähl-te Letz-te - re an Eu-rer Stel-le!

R.

la! Das

thu ich auch; doch dem Ta-bak ich trotzdem nicht Va - let noch sag'! Ich rauch' von heut' ge-

51

Allegro. ♩=112.

Charles.

am Paulswerft!

R.

heim. Dort in der Schenke_ Ja! Und ich den-ke,

Allegro.

R.

dort kommt mir Keiner auf die Spur_ doch wag'ich's in Ver - klei - dung nur! Drum

Charles.

Den

R.

ei - le gleich zu meinem Schneider, schaff' mir noch heut Ma - tro - senkleider!

C.

Ausweg ich ganz trefflich fin - de!

R.

Ver - zei - he A - - - mor mir die

Z. 1945

Allegretto. (bedeutet Charles, dass er schweigen möge und geht ab)
R.
Sünde!
p
8. Scene.
Allegro vivace. ♩. = 152.
Isabella. (tritt eilig ein)
(noch in der Thüre)
He!
kleiner Wicht!
Charles.
(der abgehen wollte)
Bin ich damit ge - meint!
Allegro vivace.
pp
pp
(streichelt ihm den Kopf)
I.
Ei, sei nicht bös, mein sü - sser Freund!
C.
(entzückt für sich)
Ihr sü - sser Freund!
Sag' mir, was sprach dein Lord?
Ma-

I. Wo-zu? (verschmitzt lächelnd)

C. tro - - sen-klei - -der wünschte er so-fort! Ge-wiss nicht, um auf

sempre pp

I. (ungeduldig) Du musst den Grund mir ein-gesteh'n! Re - - - de!

C. See zu geh'n! (horcht) Still! Ich hö-re

poco cresc.

mf

pp

I. So komm', lass'uns geh'n, ich bit - te, bit - te!

C. Schritte! Ich würde

C. (überschwenglich) Al-les Euch ver-schwei - - -gen. wär'nicht mein Herz ganz Eu-er Ei - -

Z. 1945

53

Isabella. (ihm nachahmend)   (für sich)

Gott - lob, dass es mein Ei - gen ist.   so komm' ich

C.

gen!

(Beide ab.)

1.

hinter sei-ne List!

9. Scene. (König, Calvert, Narr.)
Allegro moderato. ♩=138. König.

Ei, die-se ke-cken Lords! Wir werden's zei-gen, ob uns nicht

K.

Weisheit ist zu Eigen, mehr als sie Al-le wohl be-greifen! Sie lassen noch von ihren Pfeifen!

Calvert.

(ein dickes Buch weisend, das er unterm Arm trägt)

Hier Ma-jes-tät!   (giebt ihm einige Blätter)

K.

Wo ist das Ma-nu-script?   Schreibt uns so - fort, genau wie es hier

Z. 1945

Moderato. ♩=132.

K. steht, als Vor - - wort die - se wen'gen Zei - len, dann wol - len wir zum Drucke ei - len,

Poco meno mosso. ♩=112.

K. und al - le Welt soll Ja - cob prei - sen als zweiten Sa - lo - mo den

Andante con moto. ♩=78.

Narr.

Ge - - - vat - ter, hör! Du bist sehr weise, Dein

K. Wei - sen!

Andante con moto.

N. Wis - sen steht in vol - len Garben! Doch sprichst Du ei, ich sag's Dir lei - - se.

pp

pp

Z. 1945

Poco più mosso. *(Allegretto.)* ♩.=108.

N. just wie ein Blinder von den Far - ben.

König.

Poco più mosso. *(Allegretto.)*

Was heisst das, Narr?

mf

N. Hast Du ein Pfeif - chen schon geschmaucht?

K. Gott schüt - - - ze

p　　*mf*

N. Sahst Ei - nen Du, der raucht: Und

K. mich! Hor - ri - - - bi - le!

p　　*mf*

N. dennoch sprichst Du vom Ta - bak? Ge-

K. Was soll dies al - ber - ne Ge - frag?

pp

Z. 1945

Andante con moto. ♩=76.

N. vat - ter, hör! man wird einst sa - gen, wenn man's im Spott be - zeich - nen mag, so

N. Ei - ner spricht, was er nicht kennt: Er spricht, wie Jacob vom Ta -

König. (unwirsch)   (zu Calvert, gütig)

N. bak! Ei, dass Dich doch! Zu an - dern Sachen! Wir hö - ren,

Calvert.   **König.**
(sich verneigend)   (lacht ärgerlich)   (für sich)

K. Ihr wollt Hochzeit machen_wir sagten's zu, sind Eu - er Gast. Die Gnade!   „Er

(heftig)

K. spricht, wie Ja-cob vom Ta - bak"._ Du dummer Narr_ das soll mir Keiner sagen!

Z. 1945

Tranquillo. ♩= 69.

(zu Calvert)

D'rum Calvert, heut zur A - bendstun-de, da macht Ihr mit uns

con Ped.

ei - ne Run-de durch je - - ne Schen-ken, wo die Sün-der, ver - ges - send ih-rer Frau'n und

Kin-der, aus ihren Pfei - fen rau-chend, sit - zen, ver - klei - - det wol - len wir es

Poco più mosso. *(früheres Tempo)*

(sieht den Narren an) (grimmig)

sehn. „Er spricht, wie Ja-cob vom Ta-

(lacht dem Narren höhnisch zu)

bak!" Ha ha ha ha! Ein dummes Wort! Ein dummer Schnack!

Vivo.

Andante tranquillo. ♪= 108.
(König geht ab, freundlich mit Calvert sprechend, der ihn zu Thür geleitet.
Unterdessen nähert sich der Narr dem Tische und nimmt das Buch des Königs.)
Narr. (Calvert öffnet
cantabile
Ei, da ich
p
die Thüre, lässt den König voranschreiten und begleitet ihn. die Thüre bleibt offen. auf den Corridor, wo er
N.
selbst die Pfei-fe lieb', was ich je-doch nur mir ein-ge-ste-he,
pp
sich mit tiefer Verneigung von ihm verabschiedet.)
meno p
will ich nun seh'n, was hier der Kö-nig schrieb, auf dass ich's
p
gleich ver-se-he zu uns-rer Raucher-gil-de Seg-nung
mf
Poco più mosso. (Allegretto.)
mit ei-ner tüch-ti-gen Ent-geg-nung. (geht mit dem Buche ab)
p

(Calvert kommt zurück)
Moderato.
Calvert.
Wenn Ta-bakrauchen Wahnsinn ist, dann wohnt der Kö-nig in 'nem Narrenhaus; denn
Ca.
Kei-ner geht hier ein und aus, der nicht ein Ta-bak-rau-cher ist vom
= 92. (schmunzelnd) (eine Pfeife herausziehend)
Ca.
Prinzen bis zum Stalllakai'n. Auch ich hab' hier ein Pfeif-chen fein und
dolce
pp
Ca.
selt-sam plötz-lich hab' ich jetzt zu ein paar Zü-gen gro-sse Lust.

Allegro moderato. ♩=100.

(thut es)

Ca.

Die Fen-ster auf! Die

p *dolce*

(thut es)

Ca.

Thüren fest ver-schlossen, da-mit ich si - cher vor Ent - de-cken_

Recit. (setzt sich behaglich)

Ca.

und nun wirst Pfeifchen, du ge-nossen!

a tempo
(er schlägt Feuer, zündet die Pfeife an und raucht)

Ca.

Ah das wird schmecken!

p

Un poco meno mosso.

Ca.

(Andante con moto.) ♩= 76.
semplice
Ca.
Mein Pfeifchen, du mein Pfeifchen, bist mei-ne zwei-te Braut. Du
hangst an meinem Munde, als wärst mir an-getraut. Wie A-them der Liebsten um-
mf
p
säuselt mich Dein Duft; in bläulich gaukelnden Wol-ken durch-kräu-selt er die Luft, durch-
pp
kräuselt er die Luft.
(raucht)
Mein
pp
p
Pfeif-chen, du mein Pfeifchen, ist doch das Le-ben Rauch und

Ca. lie - be ich das Le - ben, so lieb' ich dich___ auch! O___

Ca. möch - ten doch im Le - ben die Wol - ken, die mir d'räu'n, wie

Ca. dei - ne luf - ti-gen Ne - - bel sich auch so___ sanft zerstreu'n, sich

(raucht)

Ca. auch so sanft zerstreu'n___

Allegro moderato.

König. (hinter der Scene poltert an der Thür, Calvert springt entsetzt auf.)   **Calvert.**   **König.**

He! Auf-gemacht! Um Gott!   Der Kö - nig!   He, Calvert! Auf die Thür!

Calvert.
pp
Ich bin ver-lo-ren!
(schiebt rasch die Pfeife in die Brusttasche; öffnet)
(wie verwundert) rit.
Ah, Eu-re Ma-jes-tät!
a tempo
König.
Cal-vert!
(Der König tritt ein.)
pp
f
rit.
a tempo
p cresc.
Allegro moderato. wie vorher
Ca.
Verzeiht!
(tritt ein)
K.
Was las-set Ihr so lang uns war-ten
und weshalb war die Thür versperrt?
Allegro moderato.
f
p
L'istesso tempo.
(stammelnd)
Dass ich... die Ar-beit... un-ge-stört...
tranquillo
(mit seinen Gedanken beschäftigt)
Ja, was wir da noch woll-ten
(giebt ihm einige Blätter)
sa-gen... in die-ses Vor-wort schreibet auch...
Animato.
(blickt ihn näher an)
Was ist denn das? Ihr
p

Calvert.   (verstört)

(besorgt)   (will ihr den Rock öffnen)   Nein!   (hastig

K   brennt beim Kragen,   aus Eu-rem Ro-cke dringet Rauch!   Ihr brennt!   So

ihm den Rock anreissend)(bemerkt die Pfeife und zieht sie heraus)   *tranquillo*
                                                                     (in ruhigem Entsetzen)

K.   lasst!   Ei-ne Pfei - - fe!   Ihr rauchet!

cresc.   *f*   *fp*

Animato.   (aufschäumend)

K.   Ihr!   Und im Pa-last?!   Bei

cresc.   cresc.

10. Scene. (Vorige, Narr, Chor des Hofstaats.)
(Der Chor tritt in lebhafter Bewegung ein.)

ff

K.   Got - - tes heil' - - gem Zorn!

Sopran.   (eintretend)
                                          Was ist ge-

Alt.

Tenor. Chor.

Bass.

f

Z. 1945

scheh'n?
(eintretend)
Was geht hier vor?
(eintretend)
Was geht hier
(eintretend)
Was ist geschehn?
König.
(auf den zerknirscht dastehenden Calvert deutend)
Da — seht den Menschen, den wir
Was geht hier vor? Was geht hier vor?
Was ist geschehn? Des Königs Ruf drang uns an's Ohr!
vor? Was mag es sein, was geht hier vor?
Was ist geschehn? Des Königs Ruf drang uns an's Ohr!
ff
K.
auf- ge- le- sen, gleich ei- - nem Bett - ler aus dem Stau - be,
p
pp
p

Andante.

der oh - ne uns ein Nichts ge - we - sen __ sein war mei - ne Gunst, Ver-

trau'n und Glaube __ Er

hat gethan gleich fal - schen Schlangen, die glatt an uns hinan - - ge-krochen,

er hat an uns Verrath be - gangen und den Ge - horsam schnöd gebrochen!

cresc. poco a poco e accel.

Più mosso. (Allegro moderato.)

Ich fand ihn hier, zu die - - ser Stun-de,

Z. 1945

(erhebt hoch die Pfeife)
(schleudert sie fort)
K.
mit die - ser Pfei - fe -
fast am Mun-de!
Allegro moderato. 𝅗𝅥 = 108.
Sopran.
Weh' ihm! Ein Ma-jes - täts - - ver - bre - - chen! Das muss sich
Alt.
Tenor.
Weh' ihm! Ein Ma-jes - täts - - ver - bre - - chen! Das muss sich
Bass.
Allegro moderato.
König.
(bitter zu Calvert)
Für mei-ne Gü-te - sol - chen
stra - fen, wird sich rä - chen!
stra - fen, wird sich rä - chen!

Più mosso. *(Allegro vivace.)*
(grimmig)

Calvert.

K. Lohn! Geh'DeinesWegs_ wir jagen Dich davon! Mein

König. ƒ

Ca. Kö - - nig! Herr! Fort!

p Poco meno mosso. Calvert. Allegretto moderato. ♩. = 72.
(demüthig)

K. Fort! Mein ho - her Herr, wollt

pp *pp*

cresc.

Ca. mir ver-ge-ben! Mich hat ein Dä - - mon ü - bermannt! Ich schwör's, ich will mein

König (für sich) ♩. = ♩

Ca. gan-zes Le-ben ge - hor-sam, treu sein un-verwandt. Wir kön - nen nicht ihm

K
Gna - de ge - ben! Er sei von uns ver-bannt! Wir ha - - ben nun sein
Narr.
(für sich)
Wird ihm der Kö - nig
K.
treu - los Streben mit wehmuths-vol - lem Schmerz er - - kannt.
mf
Calvert.
(für sich)
Wird der Kö - - nig Gna - - de ge - - ben,
N.
Gna-de ge-ben, wird er ihm Gna - - de ge - - ben,
K.
Wir kön - - - - nen nicht ihm
Sopran.
Wird ihm der Kö - - nig Gna - - de ge - - ben,
Alt.
Tenor.
Wird ihm der Kö - - nig Gna - - de ge - - ben,
Bass.
Wird ihm der Kö - - - nig

Ca.
N.
K.
cresc.
der vom Thro - - ne mich ver - bannt?
der vom Thro - - ne ihn ver - bannt? Er
Gna - - - de ge - - - ben,
der vom Thro - - ne ihn ver - bannt? Er
der vom Thro - - ne ihn ver - bannt? Er
Gna - - - de ge - - - ben?
Bü - - ssen will ich mein gan - - zes
büsst es hart sein gan - - zes Le - - ben,
kön - - - nen nicht ihm
büsst es hart sein gan - - zes Le - - ben,
büsst es hart sein gan - - zes Le - - ben,
Hart büsst er's, sein

Ca.
Le- - -ben!
N.
dass ihn der Kö- - -nig so er-kannt. Wird
K.
Gna- - - - -de ge- - - - -ben.
dass ihn der Kö- - -nig so er-kannt. Wird
dass ihn der Kö- - -nig so er-kannt. Wird
gan- - - -zes Le- - - - -ben.
N.
ihm der Kö- - -nig Gna- - -de ge- - -ben,
ihm der Kö- - -nig Gna- - -de ge- - -ben,
ihm der Kö- - -nig Gna- - -de ge- - -ben,
Hart büsst er's, bleibt

Calvert
O Kö - nig, las-set Euch er -
N.
der ihn nun ver - - bannt?
der ihn nun ver - - bannt?
der ihn nun ver - - bannt?
er vom Thron ver - - bannt?
sf
f
Ca.
fle-hen!
König.
Hinweg! Wir wollen Euch nicht sehn.
(Der Narr tritt zum König.)
Narr.
Ge - vat-ter... al-ter Freund... so hö - - - re... ich bit - te

N.
nie... ich bit - te jetzt... und dies ge - wäh - re, und
N.
Animato. König.
dies ge - wäh - re: Ver - zei - - he ihm! Nein!
f
(schüttelt des Narren Hand, bedauernd)
K.
rit. a tempo Narr.
Nein und nein! Mein einz'ger Freund, das kann nicht sein! 's war
a tempo
dim.
p rit.
(lächelnd und überlegen drohend)
N.
Leichtsinn nur.. nicht Schlechtig - keit! Wer weiss, ob gar die Zeit noch weit,
Animato. (hebt Calvert's Pfeife vom Boden auf)
N.
wo auch der Kö - nig find't Ge - schmack an ei - nem Pfeifchen Rauch - ta -
8

Poco più mosso. (Allegro moderato.) ♩= 116.
(Der König sieht ihn gross an; trocken, fast lächelnd.)
König.
(entsetzt)
N.
bak?!
Narr!
Rauchen?!
p
f
(misst ihn verächtlich)
(bestimmt)
K.
Wir?!
Ver-rückt! Doch gut!
Wenn man je uns
mf marcato
trifft mit ei-ner Pfei-fe dampfend schwer, sei Cal-vert wieder Se-kre-tär!
Poco più mosso.
Doch jetzt sei sei-ne That ge-
fp
a tempo ♩= 116.
rächt. Fort mit ihm! Fort! Aus meinen Au-gen!
f pesante
dim.
L'istesso tempo.
(Calvert macht eine flehentli-

che Geberde)
Pesante. ♩.= 100.
(Der König weist ihn energisch fort.)
dim.
f
dim.
p
Calvert. (im Abgehen)
(Der Narr tritt tröstend zu Calvert. Beide ab)
O mei-ne Har-riet!
espress.
dim.
p
König. (auf den Tisch blickend)
Allegro moderato. ♩= 144.
Wo ist mein Buch, mein Buch?
Hier hat's ge-le- - -gen!
K.
Mein Mi - so - kap- - nos!
Chor. (erstaunt)
Sopran.
Des Kö- - nigs Buch?
Alt.
Tenor.
Des Kö- - nigs Buch?
Bass.

(blickt in die Runde)

K. Wer war's zu nehmen so ver-we - - gen?

cresc.

cresc.

(plötzlich erleuchtet)

K. Klar ist es mir! Weh ihm und Fluch!

K. Cal-vert hat mir das Buch gestoh-len!

Sopran.
Cal-vert? Er?

Alt.
Cal-vert? Er?

Chor.
Tenor.
(bestürzt, ungläubig)

Bass.
Wie? Cal-vert? Er?

(Einige ab.)

K. Man soll ihn ho- -len, in Ket-ten schlagen, die-sen Dieb!

(Der König sinkt auf den Sessel neben dem Tisch.)
Sopran.
Alt.
Chor.
Tenor.
Bass.
Allegretto. ♩. = 84.
p
pp
Calvert ein Dieb!?
Cal- - vert ein Dieb!?
Calvert ein Dieb!?
Cal- - vert ein Dieb!?
Allegretto.
p
tremolo
cresc.
König.
f
O die- - ser Cal- - - - - -
f
K.
- - vert!
Und ich hatt' ihn lieb!
(drückt sich die Hand vor die Augen)
espress.
dim.
p
Poco più mosso.
(Der Vorhang fällt.)
ff

Ende des 1. Actes.

2. Act.

Vorspiel.

Copyright 1893 by Jul. Heinr. Zimmermann. Z. 1945

1. Scene. (Zimmer im Hause Thomsons. Harriet im Brautkleide. Brautjungfern
(Vorhang auf.) schmücken sie.)

2. Brautjungfer.
Mit Flie-der und mit Ros-ma-rin lass, Liebs-te, nun dich schmücken und
1. Brautjungfer.
Lass mit dem duft'-gen
2. B.
lass uns auf Dein Lo-ckenhaar das Myr-thenkränzchen drü-cken!
1. B.
Schlei-er noch Dein Ant-litz ü-ber-brei-ten, dann wol-len wir im Hochzeitsschmuck zur
1. B.
Kir-che Dich ge-lei-ten, zur Kir-che Dich ge-lei-ten. So ist für Dich he-
2. Brautjungfer.
zur Kir-che Dich ge-lei-ten. So ist für Dich he-
Sopran.
dolce
So ist für Dich he-
Chor.
Alt.
dolce

Poco più mosso. ♩=160.

Harriet.(in gedrückter Stimmung)

Ich dan - ke Euch!

1.B.

Wie bist Du schön!

2.B.

Wie bist Du schön! Stolz kannst Du zum Al -

Poco più mosso.

dolce

(tritt zum Fenster)

H.

Ist George denn immer noch nicht da? Vor

1.B.

Bald holt er Dich!

2.B.

ta - - re gehn. Bald holt er Dich!

H.

Un-geduld ich fast ver-geh'!

1.B.

Die fro - he Stun - - de ist bald nah!

pp *mf*

H.

Ach! Mir ist bang, ach, so bang, dass ich ihn noch nicht

p

H.
bei mir seh! Was säu - - - met er so lang, so lang?
Poco tranquillo. (Tempo I.)
1. Brautjungfer. (zu den Andern)
Nun müssen zu den Gäs-ten wir! Wir ho-len spä - ter Dich von
2. Brautjungfer.
Wir ho-len spä - ter Dich von
Sopran.
Chor.
Wir ho-len spä - ter Dich von
Alt.
Poco tranquillo. (Tempo I.)
1. B.
hier, wenn hell die Kir - chen-glo - cken läu - - ten, um zum Al - ta - re
2. B.
hier, wenn hell die Kir - chen-glo - cken läu - - ten, um zum Al - ta - re
hier, wenn hell die Kir - chen-glo - cken läu - - ten.

(Die Brautjungfern verabschieden sich von Harriet und gehen ab.)
1.B.
Dich zu be-glei- - ten.
2.B.
Dich zu be-glei- - ten.
Dich zu be-glei- - ten.
f
mf
p
mf
p
Harriet. (allein. Sie steht in der Mitte des Zimmers)
(Sie blickt seufzend um sich.)
Ach Gott! Weiss
pp
H.
nicht, wie mir geschieht!
più mosso
a tempo
Voll Un-ruh' ist

Allegro moderato. ♩.=78.

(geht nochmals zum Fenster, schüttelt betrübt den Kopf) (seufzt)

heut mein Gemüth!

espress.

Tranquillo.

(setzt sich sinnend) (singt vor sich hin) *p*   Die 2. Strophe mit gesteigertem Ausdruck.

Der Tom griff einst zum Wan-der-stab... Tra-la!
Tom sprach:,,Lass das Wei-nen sein!" Tra-la!

Tra-la! ,,Mir feh-let Gut, mir feh-let Hab!" Tra-la! Tra-la! So sprach er zu der
Tra-la! ,,Komm' ich zu-rück, will ich dich frei'n!" Tra-la! Tra-la! ,,Ich hol mir aus der

jun-gen Maid, die er so ger-ne hätt' ge-freit! Der ar - - me Tom! Der
wei-ten Welt erst Hab' und Gut und Gold und Geld!" Der ar - - me Tom! Der

ar - -me Tom! Der
ar - -me Tom! Der

pp

(unterbricht sich, steht auf und blickt nach
H.
Tom war fort schon lan - ge Zeit__ Tra-la!
pp
Allegro.
der Thür)
Moderato.
(kehrt zurück und setzt sich)
Gingnicht die Thü-re e-ben?
Più moderato. (Früheres Tempo.)
(nimmt den Gesang wieder auf)
NichtsÄr - gerskann's als War-ten ge-ben!
Tra-la!
espress.
Tra-la! Es harr-te sein die ar-me Maid... Tra-la! Tra-la!
Allegro moderato.
(sie springt wieder auf, geht zur Thür, öffnet sie)
(Sie schüttelt betrübt den Kopf, kehrt langsam zurück.)
f
pp
Ped.
Ped.

Meno mosso. *(Früheres Tempo.)*

Sie wusste nicht, dass ihn sein Stab zur

ew'gen Ruh' ge - füh - ret hab'— Der ar - - -me Tom! Der ar - -me

Tom! Wie kam das Lied mir in den Sinn? Weiss nicht, was ich so

(unzufrieden und verstimmt)

ril.

(Die Thür wird geöffnet.)

a tempo
animato (freudig)

ängstlich bin! Ach bist Du da? Ach, Va - ter,

(entläuscht)

2. Scene.
Allegro molto moderato. ♩=132.

(Thomson tritt ein. Er raucht qualmend aus seiner grossen Pfeife, trägt einen Flaschenkorb.)

Du! Thomson.

Ja, ich!

(raucht)

Bleib nur in

Allegro molto moderato.

mf pesante

cresc.

Z. 1945

88

Ruh! Will blos hi - nein die Fla - schen tra-gen; ein fei - - ner Tropfen kann's wohl

sa - - gen, den darf nur der Kö - - nig trin-ken, der soll ihm auch im

Gla - se blin-ken, wenn Gast zu sein beim Hoch-zeits-fest er gnä-dig heut he-

(vergnügt)

rab sich lässt. Ja, Cal - vert, seinem Se-kre - tär, er-weist er sol - -che

Harriet.

Mein lie-ber Va - ter, hab' Dir doch ge-sagt, Du mögst für

ho - - he Ehr'!

Z. 1945

H. heut das Rauchen las-sen!

T. Ach,— weil's dem Kö-nig nicht be-hagt? (lacht und dampft)

T. Man lacht da-rob in al-len Gas-sen!

T. Nu, er ver-steht wohl nichts von solchen Dingen, ich will ihn nicht zum

Harriet.
Doch zwingt er Dich das Rauchen auf-zu-ge-ben.

T. Rau-chen zwin-gen!

animato
(fuchtig)
T. Wer zwingt? Was zwingt? Bei meinem Leben! Potz Noth und Tod!

Harriet.

(trocken) Weh___ dem,

T.

So un-ver-schämt ist doch der Kö - nig nicht!

H. der dem Ge - set - - ze wi-der- -spricht! In England ist das Rauchen streng ver-

H. bo - ten!

Thomson. (lachend)

Ja, weil der Kö - nig Schulden hat nach No - ten, drum thut auf's Rau-chen

T. Geldbuss er dic - ti - ren; na, ich bin reich___ das

T. soll mich nicht ge - ni - ren!, Ich kann mir mein Ver-gnü - gen zah-len!

Harriet.
Dem König schafft das Rauchen Qua - len, er hasst es!

Hasst___ es!

Tranquillo.
Der ist nicht mein Mann, so sehr ich sonst ihn auch muss schätzen! Wer ei-ne Pfeif' Ta-

Harriet. Poco più mosso.
Thu' wie Du
bak nicht lei-den kann, soll sei-nen Fuss zu mir nicht set-zen. Poco più mosso.

willst! George wird Dir schon sa - gen...
Ei der? Ich dank'! Ein hübsch Be-

tragen! Ein Bräuti-gam, der auf sich war-ten lässt... Potz Noth und Tod!

Tranquillo. *(Tempo I.)*

(ab mit dem Flaschenkorbe durch die Seitenthür)

Je nun, ich richt' zum Hochzeits-fest!

dim.

Allegro. ♩ = 160.

(Harriet allein, tritt wieder zum Fenster.)

f

con Ped.

Harriet.

O Gott!

Wo George doch bleibt?! Ach,

H.

wem könnt' mei-ne Angst ich kla - - gen, wem mei-ne Sor - gen

p

H.

sa - gen? Ach! dass ich kei-ne Mut-ter hab'!

mf

p

dim.

Z. 1945

3. Scene.

Allegro moderato.
Meno mosso. (Moderato.)
(jubelnd ihm entgegeneilend)
H.
Sie sank so früh in's Grab! End-lich! End- -lich!
Calvert.
(Calvert tritt ein.)
(sich ihrer Umarmung entziehend)
tranquillo
O lass' mich, Har-riet, lass!
dim. pp
pp
f
p
animato
Mein Gott, Du bist ja tod-ten-blass!
Ca.
trem.
O mei-ne Ah-nung! Weh! Mir graut! Aus Deinen Blick ein Un- -glückschaut!
tranquillo
(düster, blickt vor sich hin)
Ein Unglück! Ja! Ich muss den Va-ter sehn!
mf

Allegro moderato.
Thomson. (tritt auf und ihm entgegen)
(blickt die Beiden an)
Da bist Du ja! Jetzt kann's zur Kir-che geh'n. Doch Noth und Tod und
Höl-len-pla-ge... Ihr guckt ja d'rein wie Re-gen-ta-ge! Mein Va-ter, sagt:
T.
Calvert.
Ca.
Thomson.
Ihr ga-bet Harriets Hand des Kö-nigs Se-kre-tär in Amt und Stand? Ja Dir, mein
(Harriet erfasst Calverts Hand.)
Calvert.
Thomson.
(perplex)
Calvert.
Sohn, zu fro-hem Glück! Ich geb' Euch Eu-er Wort zu-rück. Wie? Was? Bin
Moderato. ♩.=88.
nicht der früh-re Calvert mehr, bin nicht des Kö-nigs Se-kre-tär! Ich hab' mich

(fast tonlos)
Ca
schwer an ihm ver-sün-digt... Er hat mir Amt und Gnad' ge-kün-digt!
Thomson
Was heisst das?
Calvert. (seine Pfeife herausnehmend und auf den Tisch legend)
Hier die Antwort! Rau-chend traf mich der Kö-nig!
Allegro.
Thomson.
Und wei-ter nichts? Ha-ha-ha-ha! Na
T.
dies Ver-bre-chen schert mich we- - -nig!
(lacht und macht ein paar Züge aus der Pfeife)
(plötzlich ernst)
Doch halt! Ist's wirklich

Harriet.
(mit leichtem Vorwurf)
Calvert. (treuherzig) Das ist ge-nug des Bö-sen! Thomson.
T.
das ge-we-sen? Sonst nichts! Was bös! Der
p
f
Poco tranquillo. (Allegro moderato.) 𝅗𝅥=116.
(klopft Calvert auf die Schulter)
T.
Ta-bak ist was Gu-tes! Mein Jun-ge, sei nur
p
(seine Pfeife in die Höhe hebend)
T.
gu-ten Mu-thes, bleibst Schwiegersohn mir nach wie vor. ich schwör's bei die-sem
Calvert. Thomson.
T.
Pfei-fen-rohr! Doch bin ich Bett-ler nun! Was Bett-ler!? Dann bist Du
mf
Poco animato. 𝅗𝅥.=152.
T.
Thomsons Tochtermann, reich bist Du dann, so reich wie ich! Zur Kirche jetzt!
p

(raucht wieder) (Im Abgehen, brummend)

T. Ich hol' die Gäs-te! Spu-te Dich! Potz Noth und Tod!

(Ab durch die Mittelthür.)

T. Das Rauchen zum Ver - brechen machen! Ha-ha! Zum Lachen!

Calvert. Recit.

Wie schön steht Grossmuth einem schlichten Mann! Doch, o, wie stünd' es mir, nähm' ich sie

Allegro moderato. ♩=92.

Ca. an! Nun, Har-riet? Du schweigst? O, ich ver-

(wehmüthig)

Ca. ste - - he. Du, hol - de Blu - me, blü-hest nicht in Bett-lers Nä - he!

Z. 1945

Allegro. ♩ = 168.
Harriet.
O sprich nicht wei - ter! Dein bin ich, nur Dein!
Ha.
Mein Gott, wie könnt's auch an - ders sein?!
Hab' ich denn nur Dein Glück er - ko - ren
und nicht Dir sel - ber Treu ge - schwo - ren?
dim.
p
pp
Ich lie - be Dich… ich kann's nicht nen - nen… lie - be

Ha
(umschlingt ihn)
cresc. e accel.
Dich so heiss, ach, so heiss... Ich hal - - - te Dich,
cresc e accel.
Ha.
a tempo
Calvert.
halt' Dich! Kein Kö - - nig soll uns trennen!
a tempo
f
espress.
p
Du sü - sses,
Moderato.
Ha.
Was
Ca.
en-gels-gu-tes We - - sen! Und doch muss unsern Bund ich lö - - sen!
f
p
Hu.
♩= 120.
zwingt Dich?
Ca.
Die Eh-re! Ach wie schön
p

Ca.
hab' uns're Zukunft ich ge - seh'n! Ein glän - zend Loos sollt' Dir be -
rei - tet sein bei mir... Und nun
cresc.
f
fp
Più mosso.
ich bin gestürzt, des Unglücks Beu - te... Was blühte Dir an mei - ner
Harriet.
dolce
Meno mosso. (Moderato.) ♩ = 100.
Ei, Du bist jung, Dir steht das Le - ben of - fen! Sei froh - ge -
Sei - te?
p
Ha.
Animato. ♩ = 116.
muth, Ge - lieb - ter! Richt' auf Dein Hof - fen! Scheint denn die

Hn. Son-ne nur beim Thro-ne? Lacht denn das Glück nur bei der Kro-ne, in - mit-ten nur der

a tempo ♩=100.

Hn. Höf - lings - schaa-ren? Ver-giss den Kö-nig, diesen Un-dank - ba - ren!

a tempo

Calvert.

Er un-dankbar? O sag' das nicht! Ich hab' ver-

Ca. let-zet mei-ne Pflicht, und tie - - fer Schmerz — die

Ca. See - - le bedrängt, dass ich den Kö - nig, den ich lie - - be, gekränkt!

Harriet.

Lass ihm nur Zeit, er wird's be - reu - en und bald dir si - cher - lich ver -

Ha. zei - hen!

Calvert.

O nein! Der Hofnarr selbst, sein Günst - ling,

sostenuto

a tempo

Ca. bat, dass er ver - ge - - be mei - ne That!

a tempo

cresc.

Ca. Fest blieb der Kö - nig, und sprach:

Ca. So man je ihn trifft mit ei - ner Pfei - fe qual - mend schwer, sei Cal - vert wie - der Se - cre -

Harriet. **Vivo.**

Sobald er raucht, sei Dir ver-ge-ben?

Ca.

tär! Das heisst so-viel: als

a tempo

Ca.

nie im Le-ben! Gott! Wie tief bin ich ge-fal-len!

Andante.

Ca.

Noch heu-te wählt' er mich vor Al-len, verkleidet durch die Stadt mit ihm zu gehn, um

Harriet. (lächelnd)

Seltsamer Einfall! Und wird er ihn auch

Ca.

all' den Rauchern nach-zu-späh'n!

Ha.

jetzt noch aus-führen, da Du ihm fehlst?

Ca.

Wie ich ihn ken-ne, er lässt's nicht sein. Nun

a tempo
Andante con moto.
Ca.
geht er A - bends wohl allein!
Ach, dass ich sei-ne Gnad' verlor!
a tempo
Harriet.
Allegretto moderato. 𝅗𝅥=80.
Lass doch die Kla - ge, Kopf empor!
Verscheuch die Trau-er aus Dei-nen
legato
Ha.
Zü - gen, so hell wie ehmals erstrahl' Dein Blick, in meiner Lie - be find' Dein Ge - nü-gen, aus meiner
Poco animato.
Ha.
Lie - be erhoff' Dein Glück, aus meiner Lie - be erhoff' Dein Glück!
Calvert.
Har - riet!
(Tromp.)
Poco animato.
pp
Ca.
Lieb - ste! Darf ich ver - za - gen, da Du in

Ca. Treu - e Dich so mir ge-weiht? ja, den Kampf

Ca. mit dem Schick - sal, will ihn wa - gen, will ihn wa - gen. Du hebst mich em-

cresc.

Tempo I.

Ca. por ___ aus Niedrigkeit! In Deiner Lie - be sei mein Ge-

f p f sf dim.

Harriet.

In mei-ner

Ca. nü - gen, aus Dei - ner Lie - be schöpf' ich das Glück! In Dei-ner

p

Ha. Lie - be find' Dein Ge - nü - gen, aus mei-ner Lie - be er - hoff' das

Ca. Lie - be sei mein Ge - nü - gen, aus Dei - ner Lie - be schöpf' ich das

(Sie stehen umschlungen)

Ha: Glück! *dolce* Aus mei-ner Lie - - be!

Ca: Glück! Aus Dei-ner Lie - - be! Aus Dei-ner Lie - - be!

4. Scene. Vorige. Musikanten. Thomson. Brautjungfern. Hochzeitsgäste.

Allegro. ♩ = 132 (Bühnenmusik.)

(Hurrahrufe hinter der Scene.)

2.
f Orchester.
Sopran.
Wir grüssen Dich, Du bräut-lich Paar, mit lau - ten Ju - bel - ru - fen!
Alt.
Chor. Wir grü-ssen Dich, Du bräut-lich Paar, mit lau - ten Ju - bel - ru - fen!
Tenor.
Wir grü - ssen Dich, Du bräut-lich Paar, mit lau-ten Ju - bel-
Bass.
Wir grü - ssen Dich, Du bräut-lich Paar, mit lau-ten Ju - bel-
Jauchzend führt uns' - re Schaar Dich zu des Al - tars Stu - - - fen!
Jauchzend führt uns' - re Schaar Dich zu des Al - tars Stu - - - fen!
ruf! Jauchzend führt uns' - re Schaar Dich hin zu des Al - tars Stu - fen!
ruf! Jauchzend führt uns' - re Schaar Dich zu des Al - - tars Stu - fen!

108

Z.1945

Bräu-ti - gam! Hiphiphur - rah! Hiphiphur - rah! Hiphiphur-rah der Braut!

Bräu-ti - gam! Hip hip hip hip hiphiphur-rah der Braut!

Thomson (schüttelt allen die Hand.)

Ihr Freun - de,

(wischt sich die Thränen)

ha-bet al-le Dank! Ja das ist heut' ein Freu - den-tag!

Komm, Harriet, gieb mir ei-nen Kuss!

Z. 1945

(küsst sie)
(zu Calvert)
Th.
Du gieb die Hand!
Andante con moto. ♩= 88.
semplice
Habt nie Ver - druss, nur Glück auf al - len Eu - ren
We - gen, liebt Euch_ (sehr gerührt) und auch ___ ein we-nig mich_
pp
das ist mein Se - gen!
Allegro.
Und nun zur Kir - che!
f
p
(Die Musikanten spielen. Alle ordnen
Halloh, Mu-sik! Jetzt auf-gespielt ein lu - stig Stück.
(Bühnenmusik.)

sich zum Zug und wollen paarweise abgehen)
5. Scene. Vorige. Constabler.
Allegro.
Harriet (erschrickt)
O Gott!
Thomson.
Potz Noth und Tod, was soll das sein?
Ein Constabler (den Zug aufhaltend)
(auf Calvert deutend)
Halt da! Zu-rück! Ver-zei-het mir! Ist
Sopran.
Alt.
Tenor. Chor.
Bass.
Con-stabler! Was führt sie her?
Allegro.
Orchester.
Calvert.
Ich bin's! Und was ist das Be-gehr?
(ihn mit seinem Stabe berührend)
Co.
Cal-vert der?
In Kö-nigs Na-men nehm' ich Euch in

Harriet. (wankend)

Mir sinkt die Kraft!

Calvert (Constabler wollen ihn in Ketten legen. Er lehnt sich heftig dagegen auf.)

Ver - haf - - ten! Mich?

Thomson.

Potz Noth und Tod! Was stellt das vor?

Co.

Haft!

Sopran.

Den Bräu - ti-gam nimmt man in Haft!

Alt.

Tenor. Chor.

Den Bräu - ti-gam nimmt man in Haft!

Bass.

Poco meno mosso. (ausser sich)

Ca. Ja

Co. (immer sehr kalt und ruhig)

Wi-der-stand nützt hier Euch we-nig, selbst gab mir den Be-fehl der Kö - nig.

Allegro.

Ca. sagt, wess - we - gen wollt Ihr mich denn in Ket - ten le - gen?

Ein Constabler (immer ruhig und kalt.)

Des Königs ei-genhänd'-ge Schrift, Mi-so-kap-nos be-nannt, die er ver-trau-ens-

Calvert.

Co.

voll in Eu-re Hand ge-legt, Ihr habt, so sagt er, sie ge-stoh-len! Ge-

Ca.

rech-ter Gott! Ich, ein Dieb? Ein

ff

dim.

Ca.

Dieb?

Thomson.

Sprich, Sohn, was soll denn das be-deu-ten?

Calvert (lacht bitter)

poco sostenuto Der Kö-nig zürnt, es trifft sein Hieb! *trem.* O pfui, das

f

p

fp

konnt' ich nimmer glau-ben. Die Ehr' will mir der Kö-nig rau-ben!
marcato
Harriet.
O Gott!
Constabler.
Legt ihm die Fesseln an.
Calv.
Will ich denn flieh'n?
Const.
Es ist des Kö-nigs Ge-bot!
Calv.
In
Più mosso.
Ca.
Ket-ten soll ich durch die Stra-ssen zieh'n? Nein! E-her den Tod!
(entreisst rasch einem Constabler das Schwert und setzt es sich auf die Brust.)
mf
cresc.
Harriet (ihm in den Arm fallend)
Tempo I.
George!
Calvert (sie wehmüthig anblickend)
Ja,
Entreisst das Schwert ihm!
Chor.
Entreisst das Schwert ihm!
Tempo I. 𝅗𝅥 = 144.
ff
dim.

(wirft das Schwert hin)

Ca. schuld-los rein muss ich vor Deinen Blicken erst er - stehn! —— Da! Fesselt mich

Thomson (sich zwischen die Constabler und Calvert werfend)

Ca. und lasst uns gehn! Und kämen tausend Teufel auch daher, ich duld'es nicht! Hand weg! Ich

Ein Constabler. Thomson.

Th. duld' es nimmermehr! Fort, Herr! Ihr wisst nicht, was Ihr thut! Hol - la! Ihr Freunde,

Th. zei-get Muth! (Die Gäste wollen mit den Constablern handgemein werden.)

Lasst uns ihn befrein und ging's aufs Blut!

Chor.

Lasst uns ihn be - frein und ging's aufs Blut!

Z. 1945

116

Harriet.

Nein, Va-ter! Wollt Ihr ihn ver-der-ben? Er soll sich

sel-ber Schutz er-wer-ben_ und die-ser Schutz ist sei-ne

Un-schuld nur!

(erfasst ihre Hände)

Calvert.

Und die-ser Schutz ist mei-ne Un-schuld nur!

rit.

(sie entzückt und wehmüthig anblickend)

Moderato. ♩= 92.

espressivo

Du sü-sses Weib! Du Blume auf der

(Er sinkt

Flur! Wie schön Du bist im Braut-kranz! Leb wohl!

Z. 1945

vor ihr nieder, bedeckt ihre Hand mit Küssen, sie umarmt ihn.)

Allegro. ♩ = 152. (Er springt auf, wird gefesselt. Ab mit den Constablern.)

Thomson (mit geballten Fäusten)

Potz Noth und Tod! Ich zahl' es Euch zurück und

(eilt den Constah-
lern nach) **Poco tranquillo.** ♩ = 132. EINIGE BÄSSE
EINIGE TENÖRE (im Abgehen) (im Abgehen)

bräch' ich selbst mir das Ge-nick! .... Ein Hochzeitstag! So

EINIGE vom SOPR.u.ALT(im Abgehen.) (Alle gehen langsam ab: manche drücken Harriet die
Hand.)

fürchter-lich! Du ar-mes Kind, Gott trö-ste Dich!

118

Animato. ♩=152.
(Harriet ist allein. Sie sinkt auf den Sessel beim Tisch nieder und weint.)

Allegretto. ♩=69.
espressivo

Allegro moderato. ♩=138.
(Sie richtet ihr Haupt auf, nimmt den Brautkranz ab, betrachtet ihn wehmüthig, legt ihn auf den Tisch.)
(Flöte.)

(Sie bemerkt die Pfeife, die Calvert auf den Tisch gelegt hat und ergreift sie)
sostenuto

Ein Rettungsweg, den Gott ge - sandt! So man den Kö - nig

Z. 1945

Vivo.

Flu. trifft mit ei-ner Pfei-fe qual-mend schwer, sei Cal-vert wieder Se-cre - tär! Ver-

Ha. kleidet er heut' A-bend geht_ ich nah'_____ ihm unter-thä - nig_ ich nehm' beim Wort_

(Sie steht

Ha. _ die Majestät... nun heisst es: Schach dem Kö - - - nig!

mf *f* *p* *cresc.*

Animato.

aufgerichtet und hält die Pfeife hoch empor.)

f

Der Vorhang fällt.

ff

Z. 1945

3. Act.

Moderato. ♩ = 84.

p

Vorhang auf. (Platz vor dem Palaste Whitehall.)

1. Scene.

(Lennox, Montgomery und Chandos treten auf und begegnen einander.)

Montg.

Will-

Lennox.

Nehmt Gott zum Gruss!

Chandos.

Seid willkommen! Und Euch?

M. kommen! Und Euch?

L. Was führt Euch her? Ich hab den

Copyright 1893 by Jul. Heinr. Zimmermann. Z. 1945

Ch.
L.
Mein Fall ist dem
Weg hie-her ge-nommen, weil der Narr mich um 'ne Zwiesprach bat.
Ch
Eu - ren gleich!
Montg.
Lennox.
Mont.
Ich bin aus glei-chem Grund ge - naht. Höchst sonderbar! Höchst sonderbar! Der
Ch.
M.
Der Zweck da-von ist mir nicht klar, noch was die
Narr zi - tirt uns al - le drei!
Der Zweck ist
cresc.
Ursach sei!
was die Ursach sei!
mir nicht klar, noch was die Ur - sach,
was die Ursach sei!
Lennox.
Es ist mir noch nicht klar,
was die Ursach sei!
p
f
pp

Poco più mosso. (Allegro moderato.) ♩= 112.
(Der Narr tritt aus dem Palast.)
Ch.
Da ist der Narr!
Narr.
(verneigt sich)
In
Le - bens-grö - sse!
Lennox.
Ich bit-te sehr, jetzt kei-ne Spässe! Wa-
rum habt Ihr uns her-beschieden?
Zu stif-ten Eu-ren E - he - frie - den!
Ei, dummes
Zeug!
Montg.
Was soll das sein?
Nicht gut ist's, dass der Mensch al-lein!
Dies
N.
L.

sa-hen Eu-re La-dies ein, und ha-ben mit Bit-ten

mich ge-pei-nigt, damit ich hel-fe, dass Ihr Euch ver-ei-nigt! Je-

Più mosso. *(Allegro.)* ♩ = 168.

doch bestehen sie da-rauf: Ihr gebt das Tabakrauchen auf!

Lennox.

Das fiel mir

Più mosso. *(Allegro.)*

Chandos.

O, das ist hart!

My-lords, so

Montg.

Das al-te Lied!

ein! Ich sa-ge, dass dies nicht geschieht!

N. hört!

L. Die al - te Her - zogin ist nicht das Op - fer werth!

Chandos.

Doch meine jun - ge La - dy!

N. Nein, er ist Gi - gant! Er

L. Schwächling!

Ch. Ob ich's nur kann?

N. op - fert die Pfei - fe dem E - hestand!

Lennox.

Es bleibt da - bei! Es bleibt da - bei! Wir las - sen Weib und

L. Haus, ja, wir wandern aus! Ich blei-be fest und geh'! A -

Narr. Ach!

Allegretto. ♩. = 92

hät - tet Ihr Eu-re Frauen geseh'n,

L. de! A - de! A - de!

Allegretto.

N. wie sie vor Lie-be und Sehnsucht vergehn! Sie seuf - - zen, sie kla - - gen, sie

N. jam - mern und wei - - nen: „Ach könnten wir uns mit den Gat-ten ver - ei - nen,

N. mit den Gatten ver - ei - nen!" Habt Ihr in der Brust statt Herzen nicht Stei - ne, so

126

N. ge-he ein Jeder, um - ar-me die Sei - ne! O lasst Euch er - bit - ten, o

N. lasst Euch er - wei - chen es war-ten die Ladies nur dort auf mein Zei - chen.

Presto.

Chandos.

Montg. Ich möcht' gar zu ger - ne mein

Lennox. Was soll nun geschehn?

Wie, sie sind hier?

Ch. Weib - chen doch sehn!

Narr.

Ihr

M. Der Tabak!

L. A-ber die Pfei - fe!

Z. 1945

N.
trefft zwei Fliegen mit ei - - - nem Schlag, ver söhnt Euch mit dem Kö-nig und den
cresc.
Frau - en und braucht doch nicht das Feld zu räumen! Hört im Ver
pp
trauen: Wo-zu vor aller Welt? Raucht im Ge-hei - men!
Lennox.
Nicht schlecht!
Chandos.
Famos! Famos! Ganz
Montg.
Ganz ex-cellent!
Lennox.
Jawohl!
Montg. u. Lennox.
Famos! Ganz
cresc.
f
Ch.
ex-cellent! Ich bitt', holt mei-ne Frau geschwind!
M. L.
ex-cellent!
(Narr ab in den Palast.)
Lennox.
Den
p

128

Allegro. ♩ = 160.

Montg.

Wir rauchen wei - ter, doch, im Ge-

L.

Ausweg liess ich mir nicht träumen!

Allegro.

Chandos.

Dass wir da-rauf noch nicht ge-kommen sind! Und wir

M.

heimen! Und wir

L.

So bleibt Al-les in Ruh! Und wir

2. Scene.

Vorige, Narr mit Herzogin Lennox, Gräfin Montg. u.
Lady Chandos.

Ch.

lachen in's Fäustchen und rauchen dazu.

M.

lachen in's Fäustchen und rauchen dazu.

L.

lachen in's Fäustchen und rauchen dazu.

Narr.

Hier steht der Adam, der die E - va sucht,

Z. 1945

Chandos.
(auf die Lady zueilend)
O
N.
hier steht die E-va, die den A-dam sucht, zu reichen ihm der Lie-be süsse Frucht!
Ch.
liebs - - - - - te Ma - - - - ry!
(umarmt sie)
Montg.
(zur Gräfin)
Gattin, Deine Hand!
Narr.
(zu Lennox, der mürrisch dasteht)
Nehmt Euch ein Beispiel, seid galant!
Herzogin.
Nun
N.
Damen ha-ben stets das letz - te Wort!
Lennox.
Sie soll das ers - te Wort nur sprechen!

130

(Sie streckt ihm beide Hände hin, die er mit süsssaurer Miene küsst.)

H. denn, ich will das Schweigen brechen— Küsst mei-ne Hände, ich ver - zei - he Euch!

Lady. *dolce* Wir

Gräfin. *dolce* Wir

H. *dolce* Wir

Moderato. ♩. = 76.

La. halten uns wieder um-fan - - gen, wir haben uns wie-der ver - eint,— nach

G. halten uns wieder um-fan - - gen, wir haben uns wie-der ver - eint,— nach

H. halten uns wieder um - fan - - gen, wir haben uns wie-der ver - eint,— nach

Chandos. *dolce* Wir halten uns wieder um - fan - - gen, wir haben uns wie-der ver-

Montg. *dolce* Wir halten uns wieder um - fan - - gen, wir haben uns wie-der ver-.

Lennox. *dolce* Wir halten uns wieder um - fan - - gen, wir haben uns wie-der ver-

Moderato.

Z. 1945

La. Groll und nach Hangen und Ban - gen sind wir uns aufs Neue gut' Freund! _ Wir

G. Groll und nach Hangen und Ban - gen sind wir uns aufs Neue gut' Freund! _ Wir

H. Groll und nach Hangen und Ban - gen sind wir uns aufs Neue gut' Freund! _ Wir

Ch. eint; _ nach Groll und nach Hangen und Ban - gen sind wir uns aufs Neue gut'

M. eint; _ nach Groll und nach Hangen und Ban - gen sind wir uns aufs Neue gut'

L. eint; _ nach Groll und nach Hangen und Ban - gen sind wir uns aufs Neue gut'

La. halten uns wieder um - fan - gen, wir sind uns aufs Neu-e gut Freund. _

G. halten uns wieder um - fan - gen, wir sind uns aufs Neu-e gut Freund. _

H. halten uns wieder um - fan - gen, wir sind uns aufs Neu-e gut Freund. _

Ch. Freund! Wir halten uns wieder um - fan - gen, sind wieder gut Freund

M. Freund! Wir halten uns wieder um - fan - gen, sind wieder gut Freund.

L. Freund! Wir halten uns wieder um - fan - gen, sind wieder gut Freund.

Allegro. ♩. = 104.
(Die 3 Damen zu einander)
(Die 3 Lords zu einander)
La.
G.
H.
Ch.
M.
L.
Narr.
(zu den Damen)
Allegro.
p
Dem
Dem Freunde Tabak sind treu wir geblie - ben!
Seid nur vergnügt!
Feinde Tabak sind sie ab-ge-run-gen!
sosten.
a tempo
Die
Und unsern Pfeifchen ge - hört un-ser Lie - ben,
N.
Ja, Ihr habt gesiegt!
Ihr seid ge-rächt!

La.
G.
H.
Ch.
M.
L.
N.
pp
Feindin, die Pfei-fe, be - siegt und bezwungen! Es ist uns gelun - gen!
Feindin, die Pfei-fe, be - siegt und bezwungen! Es ist uns gelun - gen!
Feindin, die Pfei-fe, be - siegt und bezwungen! Es ist uns gelun - gen!
nie sei's vertrie - ben, nie sei's vertrie - ben, doch bleibt's geheim!
nie sei's vertrie - ben, nie sei's vertrie - ben, doch bleibt's geheim!
nie sei's vertrie - ben, nie sei's vertrie - ben, doch bleibt's geheim!
(für sich)
Sie sind jetzt Al - le zu Kreuz gekrochen! Wär' Lug und Trug
p
dolce
Wir
Wir
Wir
Nie
Nie
nicht auf der Welt, ich wüsst nicht, was zusammen sie hält! Ja, Lug und Trug sind Kitt und Band,

La.
G.
H.
Ch.
M.
L.
N.
ha-ben's er - reicht, Vic - to - ri - a! Wir ha-ben's er-reicht, Vic - to - ri - a!
ha-ben's erreicht, Vic - to - ri - a! Wir ha-ben's erreicht, Vic - to - ri - a!
ha-ben's erreicht, Vic - to - ri - a! Wir ha-ben's erreicht, Vic - to - ri - a!
Nie sei es ver-trie-ben doch bleib's geheim, es bleib' geheim!
sei's ver-trieben, doch bleib's geheim! Nie sei's vertrieben, doch bleib's geheim!
sei es ver - trie - - ben, doch bleib' es stets geheim!
so wohl für's Herz wie den Verstand.
(Herren und Damen treten wieder zusammen.)
Moderato. (Tempo I.)
dolce
Wir halten uns wieder um - fan - - gen, wir
Wir halten uns wieder um - fan - - gen, wir
Wir halten uns wieder um - fan - - gen, wir
Wir halten uns wieder um -
Wir halten uns wieder um -
Wir halten uns wieder un -
Moderato. (Tempo I.)

La.
ha-ben uns wie-der ver - eint; nach Groll und nach Hangen und Ban - - gen sind
G.
ha-ben uns wie-der ver - eint; nach Groll und nach Hangen und Ban - - gen sind
H.
ha-ben uns wie-der ver - eint; nach Groll und nach Hangen und Ban - - gen sind
Ch.
fan - - gen, wir ha-ben uns wie-der ver - eint; nach Groll und nach Hangen und
M.
fan - - gen, wir ha-ben uns wie-der ver - eint; nach Groll und nach Hangen und
L.
fan - - gen, wir ha-ben uns wie-der ver - eint; nach Groll und nach Hangen und
p
Più mosso.
La.
wir uns auf's Neu-e gut Freund, auf's Neu gut Freund, auf's
G.
wir uns auf's Neu-e gut Freund, auf's Neu gut Freund, auf's
H.
wir uns auf's Neu-e gut Freund, auf's Neu gut Freund, auf's
Ch.
Ban - - gen sind wir auf's Neu-e gut Freund, ja, sind wir auf's Neu-e gut
M.
Ban - - gen sind wir auf's Neu-e gut Freund, ja, sind wir auf's Neu-e gut
L.
Ban - - gen sind wir auf's Neu-e gut Freund, ja, sind wir auf's Neu-e gut
Narr.
Ja, Lug und Trug sind
Più mosso.
f

La.
Neu gut Freund!
G.
Neu gut Freund!
H.
Neu gut Freund!
Ch.
Freund, gut Freund!
M.
Freund, gut Freund!
L.
Freund, gut Freund!
N.
Kitt und Band!
Kommt, My-la-dies! Wir
N.
wollen's dem Kö-nig sa-gen, welch sieg-rei-che Schlacht Ihr ge-schla-gen!
p
Allegro vivace. ♩= 176.
N.
Stolz wird man's künden noch man-chen Tag: Es sieg-te die Lie-be, es

(Die Damen verabschieden sich.)
La.
G.
H.
N.
Lebt wohl!
Auf
Lebt wohl!
Fahrt wohl!
fiel der Ta - bak!
Wie - - der - seh'n!
Wir wol - len dem Kö - nig es mel - - den gehn und
Wir wol - len dem Kö - nig es mel - - den gehn und
Wir wol - len dem Kö - nig es mel - - den gehn und

La. ju - beln und jauch - zen wie Ler - chen im Hag. Es sieg - te die

G. ju - beln und jauch - zen wie Ler - chen im Hag. Es sieg - te die

H. ju - beln und jauch - zen wie Ler - chen im Hag. Es sieg - te die

La. Lie - be, es fiel der Ta - bak!

G. Lie - be, es fiel der Ta - bak!

H. Lie - be, es fiel der Ta - bak!

La. *dolce* Es sieg - te die Lie - - be, es

G. *dolce* Es sieg - te die Lie - - be, es

H. *dolce* Es sieg - te die Lie - - be, es

Z. 1945

La.
fiel der Ta-bak! Es sieg - te die Lie - be, es fiel der Ta - bak! Es
G.
fiel der Ta-bak! Es sieg - te die Lie - be es
H.
fiel der Ta-bak! Es sieg - te die Lie - be, es fiel der Ta - bak! Es
La.
sieg - te die Lie - be, es fiel der Ta - bak!
G.
fiel der Ta - bak, es fiel der Ta - bak!
H.
sieg - te die Lie - be, es fiel der Ta - bak!
cresc.
f
(Die Ladies mit dem Narren, der den Lords mit den Augen zugezwinkert, ab in den Palast.)
Allegretto.
p
Lennox.
(Die 3 Lords, die ihr Lachen verhalten haben, platzen los.)
(ad libitum) Ha ha ha ha ha ha ha ha ha ha ha ha ha ha ha ha ha ha! Ein
sosten.
a tempo
f

Chandos.
Wir müs-sen fei-ern den schlauen Be-trug!
Montg.
Der Narr ist klug!
L.
Meis - terstreich!
f
p
(erfasst die Hand eines Jeden)
Moderato, commodo. ♩= 88.
Topp! Ab-gemacht! Zum Paulswerft hin, wo wir nichts zu fürchten
brau-chen, lasst uns zur lus-ti-gen Schenke zieh'n und rau-
Chandos.
(sie wollen ab)
3. Scene. Vorige. Charles.
Und rau - - chen!
(Charles tritt auf.)
Montg.
Und rau - - chen!
- chen! Rau - - chen!

(♩=♩) Charles.
Zu Hau-se!
L.
Du, Pa-ge, sag, wo ist Dein Lord? Mel-de ihm so-fort: Wir sind am
C.
Das thut er ja so!
L.
Paulswerft; er weiss schon wo. Er komme hin!
p
C.
♩=♩
pp
Nein, leis und still zum Paulswerft hin, wo wir
Montg.
pp
Dann leis und still zum Paulswerft hin, wo wir
L.
pp
Dann frisch und froh.. Dann leis und still zum Paulswerft hin, wo wir
pp
C.
nichts zu fürchten brau-chen, lasst uns zur lus-ti-gen Schen-ke zieh'n und
M.
nichts zu fürch-ten brau-chen, lasst uns zur lus-ti-gen Schen-ke zieh'n und
L.
nichts zu fürch-ten brau-chen, lasst uns zur lus-ti-gen Schen-ke zieh'n und

(Die 3 Lords ab.) (Charles blickt den Lords nach.)

4. Scene. Charles. Isabella. (kommt aus dem Palaste)

Allegro.　　　　　Charles. (eilt ihr entgegen)　　　Isabella.

My - la - - dy!　Ich sah Dich vo - rü - ber - ge - hen.

I. Ich bit - te Dich, mir es ein - zu - ge - ste - hen, wo - zu Dein Lord die Ver -

Charles.　　　　　　　　　　　　　　　Isabella.

I. klei - dung braucht! Ich sagt' es Euch schon, weil im Ge - hei - men er raucht. Das

Allegro. ♩.= 116.

I. kann ich nicht glauben, das kann nicht so sein! Er hat si- cher ein heim-li- ches

I. Stell-dich - ein! Mit wem? Ei-nem Mädchen? O-der gar __ ei- ner Frau? Ich

cresc. *f*

I. bit- te Dich, Charles, sag' mir Al - les ge - nau _ und wenn Du Al - les mir

p

Charles.

I. ehr-lich bekannt, so reich' ich zum Kuss Dir __ mei-ne Hand! Wie

Allegro.

C. gern möcht' ich den Kuss er - rin - - gen, den Mund an die-ses Händchen brin - - gen! Wie

legato

Ossia:
C.
soll-te es mich hoch be-glü-
C.
soll-te es mich hoch-be-glü--cken, die Lip-pen auf die-se Fin-ger zu drücken! Wie
mf
p
C.
sollt' es himmlisch mich be-geis-tern..
Isabella. (trocken)
Da-zu auch spä-ter Zeit noch bleibt.
Poco più Allegro. 𝅗𝅥 = 92.
I.
Jetzt sei so gut, Dich zu be-meis-tern und sag' mir, was Dein Her-re
pp
Charles. (unwillig)
Isabella.
I.
treibt? Je nun, er raucht! Dess-halb verklei-det? O nein!
mf
p
Charles
Ihr könnt ihn sel-ber rauchend sehn, wollt in die Schenke zum Pfau Ihr gehn; er muss
pp

Isabella.
C.
bald hier vo-rü-ber-kom-men. Hier? Gut! Er sei scharf auf's Korn ge-nom-men!
Charles.
Schleicht ihm nur nach! Ihr trefft auch dort Mont-go-me-ry, Chan-dos und
Isabella. (verwundert)
C.
Len-nox, der e-ben ihn dort-hin ge-la-den! Die rau-chen dort?
Charles.
Isabella.
Ja, Eu-er Gnaden! Trotzdem sie ih-ren Damen, wie ich hör-te, e-ben versprachen, die
I.
Pfei- - - fe auf-zu-ge-ben? Na, das sollt' Ihr bü-ssen!
sf

Isabella. Das wirst Du sehn. Ich bit - te Dich mit mir zu gehn.

Charles. Was wollt Ihr thun? Mit

Allegro. ♩= 160.

I. Das wär' doch ein bischen weit!

C. Euch ging ich an's Wel-ten-en-de! Mit Euch ging ich zur

I. Das hindert mei-ne Frömmigkeit!

C. Höl - - le selbst! Mit Euch zu gehn ist Se - ligkeit! Mit

C. Euch geh' ich wo im - mer-hin! Mit Euch geh' ich an's Wel-ten-en-de!

Mit Euch zur Höl - le selbst! Mit Euch geh' ich wo im - mer-

Isabella.

(Sie geht; er folgt ihr, eine Kusshand zuwerfend; beide ab in

So geh' schon! Schwärme wei - ter d'rin!

hin!

(Es dunkelt. Die Bühne ist leer.)

Andante con moto. ♩. = 112.

espress.

legato

5. Scene. Harriet. (in der Kleidung eines Edelmanns.)

Harriet.

(zaghaft)

Hier ist der Pa - last, hier bin ich am Ziel;

Ha.
'sist die Zeit, es beginnt schon zu dämmern. Ich treib'doch ein recht ver - we - ge-nes
semprepp
Allegro moderato.
Spiel! Mein Gott, wie die Pul - se mir hämmern! Da ste - he ich nun im
espress.
Män - ner - ge - wand, er - schre - cke vor meinem Pla - ne. hätt' un - ter wegs mich
Ei - ner erkannt, ich müss - te zu To - de mich schä - men!
poco rit.
espressivo
mf
Allegretto moderato. ♩. = 60.
Nur Märchen sind's wohl und Sa - gen, die in Win - ter-nächten man
p

singt,___ dass oft durch ein ke-ckes Wa-gen man selbst ei-nen Kö-nig be-

zwingt! Wohl zo-gen auch Männer zum Strei-te 'gen mäch-ti-ge Kö-ni-ge

aus,___ sie hat-ten ein Schwert an der Sei-te zu kämpfen den hit-zi-gen

Strauss!___ Ein ein-faches Mädchen bin ich, das in Männer-Kleidung just ist;

und auf hit-zi-ges Kämpfen nicht sinn' ich, mein Waf-fen ist Lie-be und List. Nicht

Z. 1945

Mär-chen es sei'n und Sa - gen, die in Win - ter-näch-ten man singt,— dass

oft durch ein ke - ckes Wa - gen man selbst ei - nen Kö-nig be - zwingt!

weich', du mädchen-haft Za - gen, die Stun-de der That, sie winkt, die Stunde der That, sie

Andante. Vivace.

winkt! Es schreitet dort ein Mann aus dem Thor

cresc.

Es ist der Kö - nig! Wag' ich's nun? Wag' ich's nicht?

Z. 1945

Allegro moderato. ♩=108.

Ich hab's un-ter-nommen... ich hab's ja bedacht...

Vivo.

Es gilt die Lie - - - be... Es sei voll-

Andante con moto. ♪=69.
(tritt ein wenig zurück)

6. Scene. (Der König kommt langsam.)

bracht!

König.

Andante. (♩=♩.)

Ein Kö-nig... und al-lein! Nicht zwei Ge-

treu - e! Nicht zwei, in de-ren Herz sich mei-nes spie-geln könn-te! Ich

K.
tauscht' oft gern die kö-nig-li-che Wei-he, den Reif, mit dem man einst mich
cresc.
krön-te und mei-nen Pur-pur für das rau-he Kleid des ar-men Büssers, der in
f
p
Ein-sam-keit! O die-ser Cal-vert! Er hat mir weh ge-
f
dim.
Più mosso.
than! Wie schlan-genglatt hat er mich hinter-gan-gen! Weiss Gott! Ich
dolce
p
pp
hat-te diesen Menschen lieb! Er rauchte - - -
p
cresc.

Andante.
p
(will gehen)
K.
stahl mein Buch - - - - ein Dieb! Hor - ri - bi - le!
f
p
Moderato. ♩= 108.
Harriet. (tritt ihm entgegen)
Schön' guten A-bend, werther Herr!
Ped.
Ha.
Ver - zeiht! Habt Ihr vie-leicht die Freund - - lich - keit und
Ped.
Ha.
sagt mir ei - ne Schen-ke an, wo man für we-nig Geld viel ha-ben
Ha.
kann? Ja, Herr!
König.
Ihr seid hier fremd? Und Ca - va -

Ha. *Ihr habt die*

K. *lier? So scheint's nach Eu-rer Klei-dung mir.*

Ha. *Gü - te, so mich zu be-nen - nen, doch muss ich selbst zum Stand der Un-*

Ha. *glück-li-chen mich be - ken-nen!*

König.

Wie Eu-er Na-me?

Ha. *Fragt nicht da-nach, ich bit-te Euch*

K. *Und wo seid Ihr her?*

dim.

p

f dim.

155

sehr, weil ich es hei-lig mir be-schwor: Dies hö - re nur des Kö - nigs Ohr!

Allegro moderato. ♩=92.

Wie wollt' ich den lie - ben, der zum Kö-nig mich weist,_ wie

wollt' ich dem dan - ken, der das Rechte mich heisst! _ Wie wollt ich ihn lie - ben, wie

wollt' ich ihm dan - ken, der zum Kö - nig_ mich weist!

Più mosso.

König.

Sagt, weilt in London sei-ne Ma-jes-tät?

Der Kö-nig wei-let

Più mosso.

Z. 1945

Nein, Herr! Doch

hier!   Saht Ihr ihn früher nie?

Moderato. ♩=104.

je - den A - bend sank ich auf die Knie und be - te - te für mei - nen

kö - nig - li - chen Herrn _ _ Ich bin des Kö - nigs treus - - ter

Un - ter - than. Ich denk' ihn mir als ei - nen Strah - lenstern, dem in Ehr - furcht nur zu

nahn,   voll Glo - ri - e und heh - rer Ma - jes - tät _

Z. 1945

Allegro.
(traurig)
rit.
Ha.
Die Leu-te la-chen d'rob! Falsch sei dies Bild!
a tempo
König.
Falsch?
Allegro.
a tempo
p
sf
rit.
f
Allegro. ♩= 160.
Er ü-be Recht nicht, sondern nur Ge-
K.
Was sa-gen denn die Leu-te?
Allegro.
mf
p
walt, er hab'nicht Weis-heit, sondern Ei-gensinn; am meis-ten brächte ihm der
Schlaf Gewinn, denn wa-chend bringt er sich um Freun-de. Nur klein sei der Treu-en Ge-
meinde, sei-ne Lau-nen trieben sie von dannen, Man heisst ihn:

Ha.

Den ge - lehr - tes - ten Ty - ran - nen.. und da-mit ist sein Bild er - le - digt.

Tranquillo.

König.(für sich)

Ei, ei - ne hüb - sche Fas - ten - pre - digt! O weh! Der Horcher an der

K.

(zu Harriet)

Wand! So wird im Volk der Kö - nig genannt? Beim Himmel! Schwer ver-

Andante con moto. ♩=80. (♩=♩)

K.

klagt! Doch glaubt mir, Freund, nicht ist der Kö - nig, wie er da erscheint,

animando

K.

der ar - me Kö - nig ward zu schlecht gemacht. So ist er nicht,

cresc.

Harriet.
animato
Ich hab's ge-dacht und nim-mer glaub'ich, was das
K.
nein, so nicht!
mf
dim.
Poco più mosso. (Allegro non troppo.) 𝅗𝅥 = 132.
Ha.
Volk so spricht! Drum säh' ich ihn gern von An-ge-sicht und blick-te zu ihm em-
p
por, und hätt' meinen hei-li-gen Glau-ben an ihn be-sie-gelt durch Aug' und
pp
Andante con moto. ♩ = 88.
Ohr! D'rum will ich auch jetzt zu dem Kö-ni-ge hin
Allegro moderato. ♩ = 126.
und ist er so wie ich ihn sah im Ge-bet, so kämpf' ich für Jacobs Ma-jes-

Ha.
tät, und trot-ze dem, der sie ver-sehrt mit
marcato
Herz und mit Mundund auch mit Schwert, mit Herz und mit Mund und mit
rit.
Moderato. ♩= 100.
Schwert.
König.
Gebt mir die Hand! Das war ein wa-cker Wort! Hört' es der
Moderato.
K.
Kö - nig, er macht' Euch zum Lord! Ihr
woll-tet zu ei-ner Schen-ke e-ben? Ich weiss ei-ne! Geht Ihr mit

Più mosso. ♩= 126.
Harriet.
(für sich)
Von Her-zen gern!
Es glückt!
Doch gemach, mein
(geht)
K.
mir?
So kommt!
pp
p marcato
Tempo I. ♩= 100.
Ha.
(frisch)
Herz, ge-mach!
Jetzt folgt erst das Schwerste nach!
Wohlan!
So
kommt doch!
Tempo I.
p
(Beide ab.)
Schreitet vo-ran!
mf
dim.
espressivo
rit.

7. Scene. Isabella, Charles, dann Rich. (Es ist noch dunkler.)

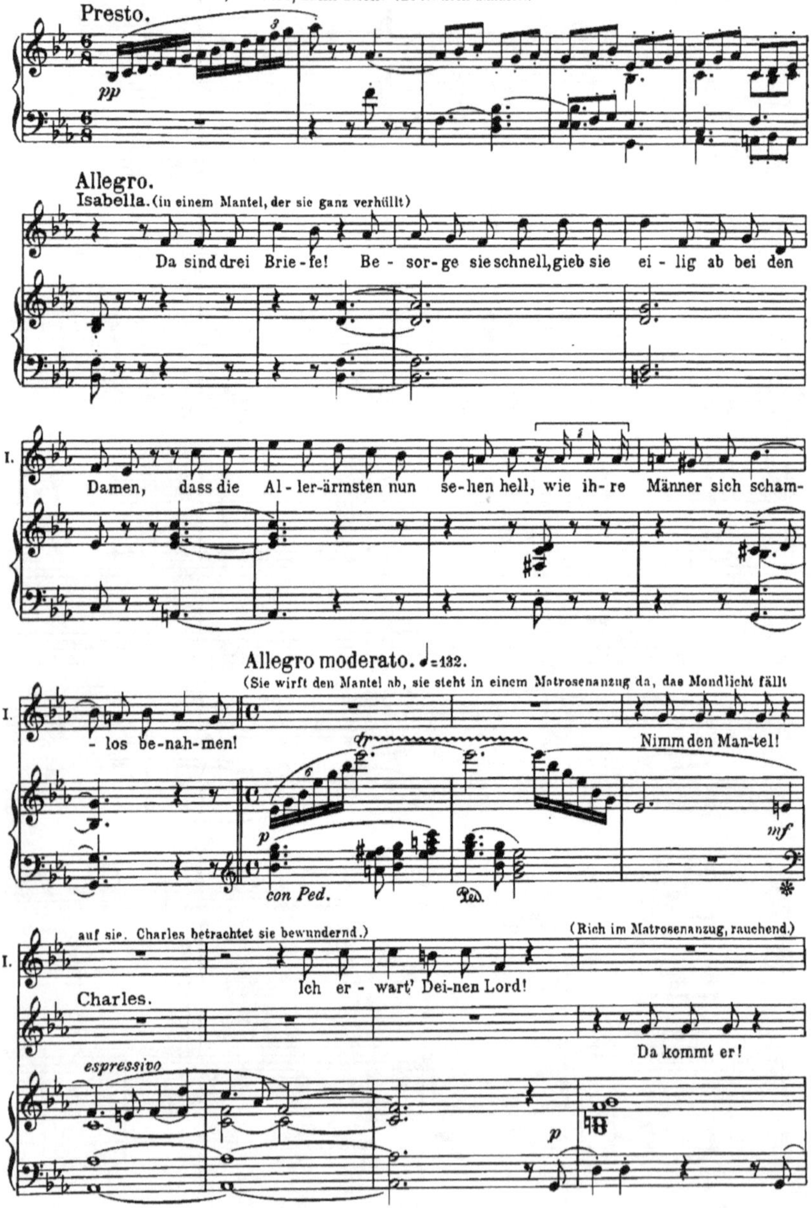

Poco pesante. ♩= 132.
Isabella.
Be-sor-ge die Brie-fe!
(Charles ab.)
Rasch fort!
(Isabella tritt Rich breit in den Weg.)
Ossia:
Hoi-ho!
(derb)
Hoi-ho!
f
mf
I.
Ma-tro - se?
Das
Rich.
(blickt sie verdutzt an)
(trocken)
Ja!
Ma-tro - se!
p
merkt' ich an der ro-then Ho-se!
Von welchem Bord?
Vom
R.
(unwillig)
Ist mei-ne Sa-che!
f pesante
mf
Them-sestrom? Zur See?
(heftiger)
Ist mei-ne Sa-che!
(breit in's Gesicht)
(will ab)
Ja!

Isabella.

So lootst nicht fort, zieht ein das Raa, werft An-ker aus und refft die

(hält ihn derb zurück)

I. Se - - gel! Stopt doch! Wir

Rich. (will fort) (verwundert, für sich)

Ach was! Ist das ein Fle - gel!

(Nimmt ihm die Pfeife aus dem Munde.)

I. werden doch nach Seemann's Brauch zwei Wort' noch re-den können! Ein

I. net - ter Mast! Ge - fällt mir fast! Die Pfeif' ist hübsch!

Allegro.

rit. (steckt die Pfeife in den Mund, vergisst sich und giebt die Pfeife zurück)

I. Zieht sie!

rit.

I. Pfui, wie das riecht! Welch ein Geschmack im Mund, solch'garst' - ge

I. Pfeif' Ta-bak, im Mund, solch garst' - ge Pfeif' Ta-bak!

Rich. (stutzt)

Hal - loh!

I. Lasst mich!

(will ihr den Hut lüften) (lachend)

R. Zeigt einmal das Ge-sicht! So spricht doch ein Ma-tro- se nicht! Ei, Eu-er Anzug

Allegro. ♩=80.

I. Ihr seid

R. lügt! Jetzt wird's erst ver-gnügt! Nun, Bürschchen, sagt mir wer Ihr seid!

Allegro.

I.
auch fremd in Nep-tuns Kleid und sagt Ihr Eu-er Ge-heim-niss
I.
mir, so sag' ich das mei-ni-ge Euch da-für!
Rich.
Ich trau-e Eu-erm
Allegro moderato. ♩. = 100.
R.
Milch-ge-sicht – Nun denn, Ma-tro-se bin ich nicht. Ich bin ein
mf
p
f
R.
Lord! und geh' ver-klei-det, da-mit man das Rauchen mir nicht ver-
p
f
p
Isabella.
(für sich)
Gott-lob! wenn's wahr! Ein an-der Schätzlein nennt er,
R.
lei-det!
espress.
mf
p

(zu Rich)
als die Pfei-fe, so dacht' ich, sein. Ihr narrt mich nur!
pp
f
Allegro.
Ihr geht zum Stell - dich-ein! Ein Schätz - chen habt Ihr, ei-ne
p
Braut! Mein gu - ter Herr,
Rich.
Die ist's ja, der's vor dem Rau - chen graut!
nehmt mir's nicht krumm, Ihr hal - tet mich für ent - setz - lich dumm. Die Mas-ke-
ra - de, meiner Treu, tragt Ihr für ei-ne and' - re Lie-be - lei!
Rich.
Ich
sf

bin in mein Bräutchen ja so ver - liebt, wie es Ver - lieb - te - re gar nicht

giebt!

Poco meno mosso. (*Allegretto.*) ♩=116.

Ich seuf - ze wie ein Se - la - don und

espress.

sie vergilt's mit bit - term Hohn; ich gir - re, wie's ein Tau-ber macht und wer-de von ihr aus-ge-

Allegro. ♩=168.

lacht! Und trotz ih-rer Lau-nen und Qua - le - rei'n lieb ich nur sie, nur sie al-

rit.

Isabella. **Allegretto.** ♩=138.

(streng)

Und doch be - trügt Ihr sie? (aufrichtig)

lein. **Allegretto.**

O nim - mer-mehr!

f *p* *p*

Animato.
I.
Durch die-se Pfei-fe, lie-ber Herr! Wenn sie's er-fährt...
R.
das wird sie
Animato.
Allegro.
R.
nicht! Nun sagt auch Eu - er Ge - heim - niss an, ein
Isabella.
Ich müsst' es
R.
Mann muss hal - - ten, was er ver-spricht!
Allegro moderato.
I.
nicht thun, die-weil ich kein Mann! Ja, und noch mehr: Ei-ne Da-me vom
R.
Ein Weib!
Allegro moderato.

I.
Hof und vor-nehm sehr, die auch ei-nen schmucken Bräutigam
p
f
p
p
hat.
Rich. (für sich)
Gott, die-se Stimme! O ich er-rath!
Allegro moderato.
(zu Isabella)
und der Bräutigam
espress.
p
f
Allegro moderato.
p
(anzüglich)
Allegro.
Das wird er nicht! Und auch,
R.
dul-det den Mummenschanz? Wenner's er-fährt--
Allegro.
p
espr.
trotz sei-ner Lau-nen und Quä - le - rei'n liebt er nur mich, nur mich al -
(für sich)
Sie

I.
R.
lein!
ist's! I - sa - bel - la! Son-derbar! In diesem Kleid! Die stets so sitt - sam
sempre p
war?
(zu Isabella)
So lohnt Ihr des Bräut'-gams Lieb und Treu'? Fühlt Ihr da - rob nicht
Isabella.
bitt' - re Reu'?
Più mosso.
Da er nebst mir ein zweites Liebchen hat, ver - gelt' ich Ver -
rath ihm... mit Ver - rath!
(für sich)
O Höll' und Tod!
So rächt sich ein Weib!
f
p

Allegretto vivace. ♩= 92.
(für sich)
Die Sache wird sehr amüsant;
(für sich)
Ich
Allegretto vivace.
p
pp
I.
R.
ich will ihn necken und plagen. Es
bin auf das was kommt, gespannt; sie wähnt besiegt mich und geschlagen.
scheint, er hat mich nicht erkannt, kann drum die Wahrheit, die
Sie glaubt, ich hab' sie nicht erkannt, da kann ich was
Wahr-heit ihm sa-gen. Nein, er hat mich nicht er-kannt,
wa-gen, was wa-gen. Sie meint, ich hab sie nicht er-

173

I. kann die Wahr-heit drum ihm sa - gen, mehr als er könn - te ver-

R. kannt, um so bes - - ser, kann ihr die Wahr - heit sa - gen,

I. tra - - - gen, da er mich noch nicht er - kannt.

R. kann es ja wa - gen, sie wähnt sich noch nicht er-kannt. Ich

pp

I. Die Sache wird sehr a - müsant; ich will ihn

R. bin auf das, was kommt, gespannt; sie wähnt be - siegt mich und ge - schla-gen;

I. ne - cken und pla - gen. Es scheint, er hat mich nicht erkannt,

R. sie glaubt, ich hab' sie nicht erkannt, kann

Z. 1945

I. kann Wahr-heit, die Wahr-heit ihm sa - gen, kann__ ihm drum die

R. Wahr - heit wa - gen, die Wahr-heit ihr sa - gen, kann ihr drum__ die

I. Wahr - heit sa - gen. 'Sist ei - ne Lec-tion für den Eh' - -

R. Wahr - heit sa - gen. 'Sist ei - ne Lec-tion für den

I. - - stand. Eu-ren Arm! Ihr sollt'mein

R. E - he - stand.

mf

p

I. Rit-ter sein für heut! (Beide ab, Arm in Arm.)

dim.

pp

Z. 1945

8. Scene.
Allegro moderato. ♩=100.

Narr. (aus dem Palast, eine Pfeife rauchend)

Narr.

Ist die Ka-tze aus dem Haus, freu-en sich die Mäu-se! Ja-cob ging auf
Lieb'und Ta-bak, ed-les Paar, las-sen sich er-ken-nen, ob sie bei-de

N. Kundschaft aus, wünsch'recht gu-te Rei-se! Macht er aus-wärts
echt und wahr, wenn sie leicht ent-bren-nen. Treu-er hat sich

N. Pfei-fen-jagd, kann da-heim man rau-chen, kann da-heim man un-ver-zagt
doch bewährt Ta-bak zu al-len Zei-ten. Wenn er Ei-nem an-ge-hört,

N. froh sein Pfeifchen schmauchen, froh sein Pfeifchen schmauchen.
wenn er Ei-nem an-gehört,brennt er für kei-nen Zwei-ten.

Allegro moderato. ♩=116.

(Constabler, deren Einige Fakeln tragen, ziehen mit dem gefesselten Calvert vorüber, dem Palaste zu.)

Wen brin-gen Con-stab-ler da in Ban-den? Wie-der Ei-ner, der das Ge-setz nicht ver-stan-den.

(sieht näher hin)

Hilf, Himmel, seh' ich recht? Cal - - vert!

(Der Zug bleibt stehen.)

Halt da! Steht! Steht! Ich befehl's Euch, der Hof - narr der Ma-jes-

(zu den Constablern)

tät! Wo solls mit ihm hin?

1. Constabler

Zum Ver-hör erst. Dann wird ihm wohl der

Z. 1945

Calvert.

(schlägt sich die

Ich gelt' als Dieb.

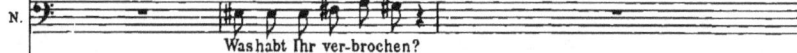

N.

Was habt Ihr ver-brochen?

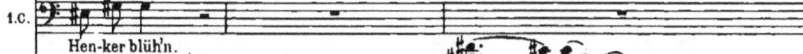

1.C.

Hen-ker blüh'n.

gefesselten Hände vors Gesicht.)

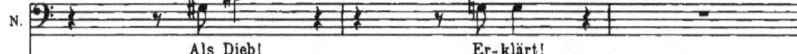

N.

Als Dieb! Er - klärt!

C.

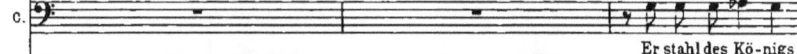

Er stahl des Kö-nigs

Allegro vivace.

(heiter)

N.

Den Mi - so - kap - nos! Ei, Schnick und Schnack! Des Kö - nigs Buch ü-ber

1.C.

Buch. **Allegro vivace.**

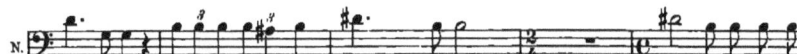

N.

Rauch-tabak? He da, Constabler, nehmt mich in Haft! Ich hab das Buch bei

Z. 1945

Calvert.
p (zitternd vor Erregung)
Ist was Ihr da sa - - - get, wirk-lich wahr?
N.
Sei - te geschafft.
(ernst)
Ich schwör'es, dass
espress.
p
Ca.
Und mei-ne Un - schuld wär' son-nen-klar?
N.
ich das Buch genommen!
(in leichterem Tone)
Wollt Ihr es seh'n,
mf
Ca.
cresc.
Und ich bin kein Dieb, wo - für man mich hält, und
N.
braucht Ihr nur mit zu-kommen!
p
cresc. poco a poco
Ca.
kann es be-wei - sen vor al-ler Welt?
(Narr nickt. Calvert eilt auf ihn zu, drückt ihm innig die
sempre tenuto
ff

Hand, athmet tief auf und wirft einen Blick nach oben.)
Ca.
Ein
sempre ff
dim.
Moderato con moto. ♩.=92.
Stein fällt mir vom Her - zen, das fast vor Schan - de brach; die
sf
Ehr ist ge - ret - - - tet, ge - tilgt al - - - le
poco a poco più animato
Schmach! Ich kann den Blick er - he - - ben frei zu dem Him - mels -
Animato.
zelt Die Ehr' ward zu - rück mir ge - ge - - ben vor Har - riet, und vor al - ler

poco sosten. - a tempo
Ca.
Welt, — die Ehr'ward zu-rück mir ge - ge- - ben vor Har-riet und vor al-ler Welt.
mf
f
Vivo. 𝅗𝅥. = 116.
Narr.
Jetzt kommt mit mir, ich hol' das Buch! Und dann zum Kö - - nig-
p
N.
ich weiss wo er ist - Auf dass er Euch zu sel-bi-ger Frist er-
Calvert.
Mein gu - ter Freund, Euch
N.
lö-se von des Ma - kels Spruch!
Ca.
— dank ich Ehr und Le-ben.
N.
Ja seht, so ist es in der Welt! Was ein Kö-nig Euch
mf

Ca.
N
Nun kann ich den Blick er - he - - ben frei zu dem Himmels-
nahm, kann ein Narr Euch oft ge-ben!
p
zelt... Die Ehr' ward zurück mir ge - ge - ben vor Harriet und vor al - ler Welt, die
Ehr' ward zu-rück mir ge - ge - - ben vor Har-riet und vor al - ler Welt.
mf
rit.
Allegro moderato. 𝅗𝅥 = 𝅗𝅥. (𝅘𝅥 = 116.)
(Alle ab in den Palast.)
f
dim.
p
pp

9. Scene.

Allegro. ♩ = 126.

(Die Gräfin Montgomery, ein Billet in der Hand, in grosser Erregung. Ein Page und zwei Fackelträger folgen ihr.)

Gräfin. **Recit.**

Ich kann es kaum glau-ben, was ich da ge-le-sen! Es

ist ei-ne Sin-nen-täuschung ge-we-sen! Licht her! (Die Fa-

ckelträger leuchten.) **Recit.**

Das dachte ich nicht von meinem Gemahl... ich le-se es

noch ein-mal! „Wenn Ihr nach dem Paulswerft geht,

Z. 1945

G.

heut zur A-bendstun-de, fin-det Eu-ren Gat-ten Ihr. die Pfei- fe in dem Mun-de!

G.

Merkt den Ort Euch recht ge- nau: Pauls-werft, Schen- ke zum blau- en Pfau!"

(schüttelt

verzweifelt den Kopf)

(Lady Chandos tritt auf, ebenfalls mit einem Brief in der Hand, und demselben Gefolge, wie die Gräfin.)

Lady. Recit.

Mich

La.

hat es aus dem Haus getrie-ben... Ah, Grä-fin! Hört, was hier ge-schrieben:

a tempo (sieht die Gräfin)

(liest)

(Gräfin giebt ihr Billet und nimmt das der Lady.)

La.

„Wenn Ihr nach dem Paulswerft geht, heut' zur A-bendstun-de... trem.

pp

mf cresc.

La. fin-det Eu-ren Gat-ten Ihr, die Pfei-fe in dem Mun-de! Merkt den Ort Euch recht ge-nau:

(tauschen wieder die Billets, bli-
cken hinein und sehen sich verdutzt an) (Die Herzogin tritt auf, ebenfalls

La. Paulswerft, Schenke zum blauen Pfau!"

einen Brief in der Hand, gefolgt von einem Pagen und zwei Fackelträgern.)

Herzogin.

Da ha-ben wir's!

H. Ich bin be-tro - - gen, mein Gat-te hat mich an-ge-lo-gen! Ich

H. dacht, es mir, du lie-ber Gott, hört nur_ so treibt er mit mir Spott!

Lady. *(liest aus ihrem Brief)*

fin-det Eu-ren Gat-ten Ihr- die

Gräfin. *(liest aus ihrem Brief)*

heut' zur A-bendstun-de, die

H. *(liest)*

„Wenn Ihr nach dem Paulswerft geht.. die

pp

La. Pfei - fe in dem Mun-de- Merkt den Ort Euch recht ge-nau: Pauls-werft.. zum

G. Pfei - fe in dem Mun-de- Merkt den Ort Euch recht ge-nau: Pauls-werft Schenke..

H. Pfei - fe in dem Mun-de- Merkt den Ort Euch recht ge-nau: Pauls-werft..

Più mosso.

La. blau-en..

G. Der glei-che Brief aus al-len Drei-en!

H. Pfau!"

Più mosso.

La. Ja sagt, was soll denn nun geschehn? *(entschieden)*

H. Sie sollen es be-reu-en! Wir müssen nach dem

p

Allegro. ♩=160.
H.
Paulswerft gehn und uns von al- lem ü - ber- zeu-gen! Dann a - ber giebt es ei-nen
Gräfin.
Und mei-ner tanzt
H.
Rei- - - gen - - Na, du wirst tan-zen, lie-ber Mann!
mf
p
Lady.
Ich schliess mich Euch an! Die Losung heisst: Zur Schenke jetzt, zum blau - en
G.
auch! Die Losung heisst: Zur Schenke jetzt, zum blau en
H.
Die Losung heisst: Zur Schenke jetzt, zum blau - en
f
La.
Pfau! Es ward vom Gat-ten so verletzt nie-mals die Frau. Die Losung heisst: Zur
G.
Pfau! Es ward vom Gat-ten so verletzt nie-mals die Frau. Die Losung heisst Zur
H.
Pfau! Es ward vom Gat-ten so verletzt nie-mals die Frau. Die Losung heisst: Zur

La.
Schen-ke hin, nach Ra-che uns'-re Her-zen glühn, auf, auf, ja auf zum blau-en Pfau, zum
G.
Schen-ke hin, nach Ra-che uns'-re Her-zen glühn, auf, auf, ja auf zum blau-en Pfau, zum
H.
Schen-ke hin, nach Ra-che uns'-re Her-zen glühn, auf, auf, ja auf zum blau-en Pfau, zum
La.
blau - - en Pfau. Es rächt sich an den Gat - ten die be - trog' - ne Frau, es
G.
blau - - en Pfau. Es rächt sich an den Gat - ten die be - trog' - ne Frau, es
H.
blau.- - en Pfau. Es rächt sich an den Gat - ten die be - trog' - ne Frau, es
La.
rächt sich an dem Gat - ten die be - trog' - ne Frau. Die Lo - sung heisst zur
pp
G.
rächt sich an dem Gat - ten die be - trog' - ne Frau. Die Lo - sung heisst zur
pp
H.
rächt sich an dem Gat - ten die be - trog' - ne Frau. Die Lo - sung heisst zur
pp
pp

Schen - ke hin, nach Ra - che uns' - re Her - zenglüh'n. Auf, auf, ja auf zum blau - en Pfau, zum

Schen - ke hin, nach Ra - che uns' - re Her - zenglüh'n. Auf, auf, ja auf zum blau - en Pfau, zum

Schen - ke hin, nach Ra - che uns' - re Her - zenglüh'n. Auf, auf, ja auf zum blau - en Pfau, zum

blau - en Pfau. Zum Pfau! Zum

blau - en Pfau. Ja, auf! Ja, auf!

blau - en Pfau. Ja, auf! Ja, auf!

Pfau! Ja, auf zum blau - en Pfau!

Ja, auf zum blau - en Pfau!

Ja, auf zum blau - en Pfau!

(Alle ab)(Der Zwischenvorhang fällt. Verwandlung.)

Z. 1945

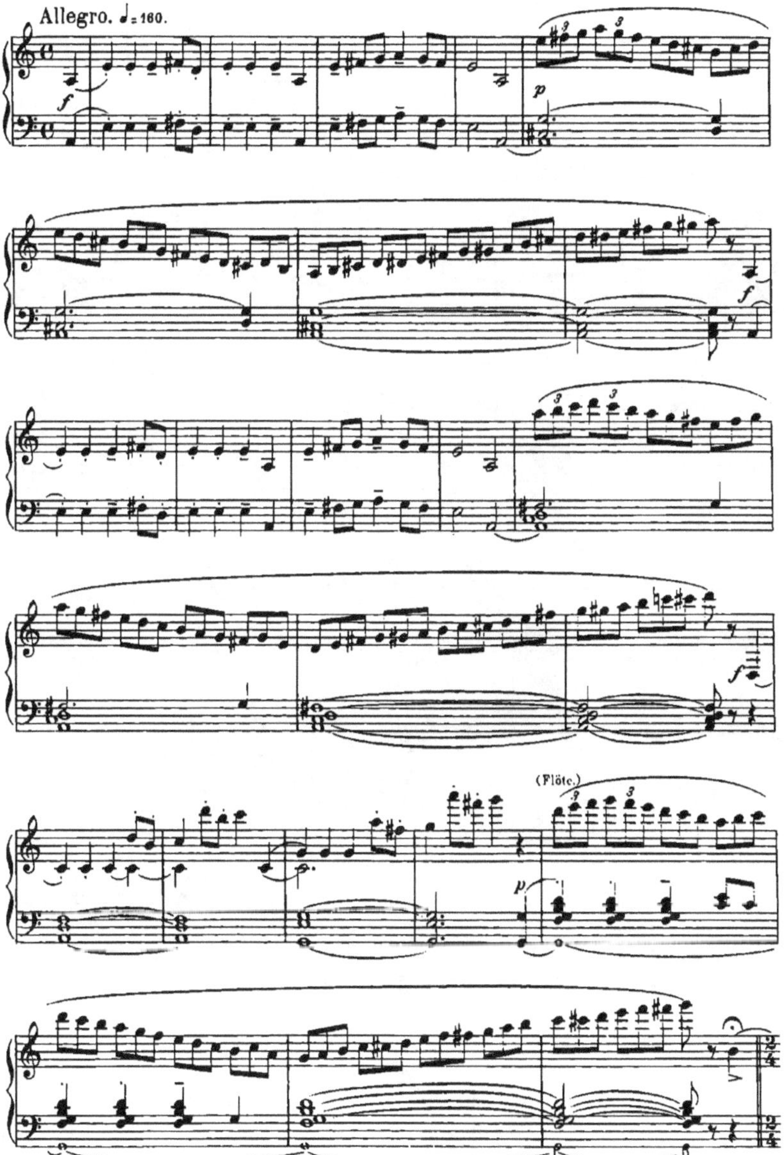
Allegro. ♩= 160.
f
p
f
f
(Flöte.)
p

Poco meno mosso. (*Allegretto.*) ♩= 116.

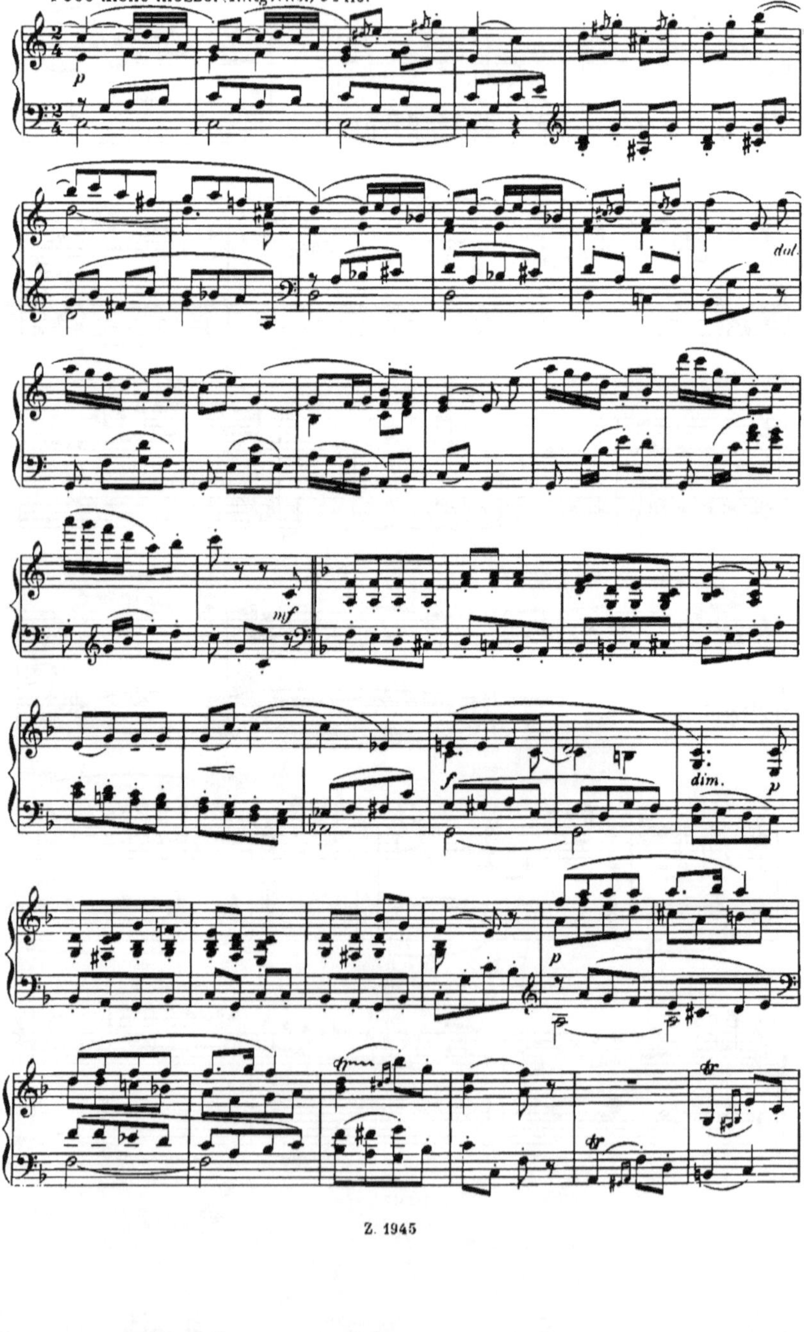

(Vorhang auf.) (Wirthsstube in der Schenke zum „blauen Pfau." Haupteingang rechts

voran: Seiteneingang links, dem Hintergrund nahe. Den Hintergrund bildet eine Wand, in deren Mitte eine breite offene Thüre.
Durch die Thüröffnung sieht man in eine zweite Wirthsstube, die mit zechenden und rauchenden Gästen gefüllt ist. Wie der Vorhang
aufgeht, dichter Tabaksqualm. Lampen erleuchten die Räume.)

1. Scene. **Allegro moderato.**

Tenöre.

Chor.
Bässe.

Was wär' das Dünnbier denn al-lein so oh-ne Pfei-fe und Ta-

Allegro moderato.

s'wär Dünnbier e-ben, das ist klar, d'ran find' ich nicht Ge-schmack.

bak?— Was

wär' denn Por-ter und selbst Wein so oh-ne Pfei-fen-rohr und Rauch?

Wir

lie-ssen al-le bei-de sein im Fas-se und im Schlauch!

Wir lo-ben uns ein

Z. 1945

Zech-gelag, wo Bier und Wein mit Rauchtabak! Lasst preisen d'rum bei Tag und Nacht ihn,

der Tabak ge-bracht!

Wir lo-ben uns ein Zech-ge-lag, wo Wein und Bier mit

Rauch-tabak! Lasst prei-sen d'rum mit al-ler Macht den, der Tabak ge-bracht! Lasst

prei - sen ihn, der uns den Ta-bak her-ge-bracht.

sosten.

(Die 3 Lords tre-ten ein)

(Alle ziehen sich nach rückwärts zurück)

Z. 1945

Lennox.
Ah, die-ser Qualm! Die schönste Wal-des-luft ist mir so lieb-lich nicht wie der!
p
Chandos
Das al-ler-neu-es-te Mille-fleurs!
Montg.
Ein de-li-ciö-ser Tabaks-duft!
L.
Lasst uns in die
espress.
mf
Ch.
Da können wir rauchen un-ge-seh'n, denn Ma-
L.
and're Stube geh'n!
3
8
Ch.
tro-sen und Bür-ger, die stö-ren uns nicht.
(grimmig)
L.
Der Kö-nig nur, die
p
8

(vergnügt)
Ch.
Und die ah - - nen es
L.
Wei-ber sind auf uns so er - picht!
pp
nicht, dass wir hier sind.
(zum vorbeieilenden Wirth)
Montg.
Herr Wirth! Drei Fla - schen vom
(Alle drei ab nach rückwärts, wo man sie im Hintergrunde Platz nehmen sieht. Der Wirth bedient.)
M.
Bes - ten geschwind.
Tenöre.
Chor (aus der rückwärtigen Stube) Wir lo - ben uns ein Zech - ge - lag, wo Wein und Bier mit
Bässe.
Rauch - tabak! Lasst prei - sen d'rum mit al - ler Macht den, der Tabak ge - bracht. Lasst

prei - - sen ihn, der uns den Ta-bak her-ge-bracht!

Lasst prei - - sen ihn, der ihn her-ge-bracht!

2. Scene. König und Harriet (in ihren Verkleidungen, von rechts.)

König (tritt ein, taumelt zurück). **Allegro.** ♩. = 152

Hor - ri-bi-le! (hustet)

K. Welch garst'ger Rauch! Puh! (hustet) Da

Harriet. (zum vorbeieilenden Wirth)

Herr

K. dampft's wie in der Höl - le!

cresc.

Recit. Allegro mo-

Ha.

Wirth, schnell ei-ne Flasche Wein vom Bes-ten schaffet uns zur Stelle!

derato.

Ha.

Nun hübsch die Thü-re da ver-schlossen, die Fla-sche sei in

(schliesst die Thüre zum rückwärtigen Zimmer. Der König, der mit Zeichen des Entsetzens unabläs-

Ha.

Ruh ge-nos-sen.

sig nach den Rauchern geblickt, wendet sich ab)

König. (für sich) (Der Tabaksqualm verzieht sich allmählig)

Mich schau-dert, seh' ich da hi-nein!

Allegro moderato.

Harriet (schwärmerisch zu ihm)

Ihr dünket mir kein Mensch, o nein! Ein Gott in schlichtem Kleid steht Ihr vor mir! (ge-

K.

Allegro moderato.

Nur

Z. 1945

(Der Wirth bringt den Wein und geht ab)
Ha.
schmeichelt lächelnd)
Bei Gott! Ein Gott, der unter Men - schen geht!
K.
zu! Ihr traft das Richt'-ge schier!
(schenkt ein)
Er - laubt, dass ich Euch dien' als Ganymed!
(bewundernd für sich)
Der weiss zu sprechen!
(Harriet kniet nieder, credenzt ihm ein Glas)
Wie Ihr freund - lich seid! Mein hol-der Ga - ny - med,
espress.
Harriet.
(entfernt sich, nimmt ein Glas)
(stösst an, trinkt)
Heil Kö - nig Ja - kob!
thut mir Bescheid!
f
p
cresc.

Fehl' ihm nie ein

Freund, der ihm die Wahr - heit sagt! Doch seinem Feind er-geh' es

(wirft ihr Glas in eine Ecke, dass es zersplittert)

so, wie's diesem Glas ergeht!

König. (bewundernd für sich)

Wie der das Re-den

Ein schöner Trinkspruch, den ich

gut ver-steht! Kein Höf-ling reicht an die-sen Knirps he - ran!

Ha.
sag-te, der un-serm Kö-nig wohl be-hag-te und der wohl ei-nes Kö-nigs
werth! Wie schade, dass er ihn nicht hört! Ein Kö-nig soll-te
mf
p
Al-les, Al-les hö-ren in sei-nem Land, was Je-der spricht und treibt. Doch nein!
wie vorher
König.
Warum?
Das wär' nicht gut; es würd' ihn oft in seiner
espress.
Ru-he stö-ren, wenn schwe-re Seuf-zer zu ihm drin-gen,

Ha.
Es würde oft ihn stören, wenn Seufzer zu ihm dringen, die dem ge-pressten Her-zen den
pp
poco rit.
a tempo
wie vorher.
Un-glücksel'-gen sich ent-rin-gen!
Ein
König.
Was ist's, das Eu-ren Blick um-düs-tert?
pp
Klaglied, das mein Herz mir flüstert, von Ket-ten und finst - rer Ker - kernacht, in
pp
die man ar - me Ge-fang' - ne gebracht! Ach! Ver-zeiht, wenn bei dem Ge-
dan - ken ich weine—
Ich bin nicht das, Herr, was ich scheine! Das

Ha.

Schwert hier kündet wohl den Mann, doch das Herz ist weib - lich!

König.

(mild lächelnd,

Das

Ha.

(lächelnd)

Das glaub ich kaum.

K.

ihr auf die Schulter klopfend)

giebt sich dann, wenn Ihr äl - ter seid!

Die Blüth ist zart,

Moderato con moto. ♩ = 100.

(für sich)

K.

doch stark wird der Baum! O mor - genfrische Knospe Du, Du

K.

Blü - the der Na - tur, ge - deih' und wachse im - mer-zu auf stein' - ger Er-den-

K.
flur! O mor - gen-fri-sche Knos-pe Du, die froh er-blü-hen kann,
Harriet.
Es ruht sein
K.
hüt' vor der Welt Dich, bleib' in Ruh' und rei-fe stolz zum Mann.
Ha.
Blick auf mir so mild, sein Mund von Gü - te
Ha.
ü - ber-quillt, er ah-net nicht den
König.
O mor - genfrische Knos - pe Du, die

Ha.
K.
Krieg!
Sein Blick so gü - tig, er
froh er - blühn kann, o hüt' vor der Welt dich, bleib' in Ruh!
kün-det mir den Sieg.
Es ruht sein Blick auf
O mor - gen-fri-sche Knos-pe du,
hüt' vor der
mir so mild,
sein Mund von Gü - te ü - ber-quillt,
Welt dich,
ge - deih' und wach - se im - mer zu,
rei - fe
dies kün-det mir den Sieg.
stolz zum Mann.
rit.

3. Scene.

Allegro. ♩= 160 Vorige. Thomson. Wirth von links.

(Der König setzt sich, Harriet bleibt mehr im Hintergrund. Thomson raucht aus einer Riesenpfeife.)

Harriet. (für sich)

Recit.

(Wirth ab)

Th.

Ei wohl! Der räu-chert den Kö - nig

hof-fe doch, dass es den Her-ren ge-fällt?

Ha.

ein.

Th.

(schenkt sich ein, rückt ihm nach)

Na schenken wir ein! Auf Eu - er

König (für sich)

(rückt von ihm, mit der Hand den Rauch abwehrend)

Puh! Dieser Qualm!

Ha.

(Harriet die sich immer etwas hinter Thomson hält.)

Recht schö-nen Dank!

Th.

Wohl! (kläglich für sich)

(dem fortrückenden Kö-

K.

Ich wer-de von dem Dampf noch krank!

Die

Ha.

Recit.

Wir ka-men erst heut' nach Lon-don her-ein!

nig immer nachrückend und ihn anqualmend)

Th.

Her-ren scheinen mir fremd zu sein?

Von

Ha.
(unsicher nach dem König schauend, der ihr zunickt)
Nein... nur von Wales.
Th.
Frankreich drüben?
a tempo
(lacht verächtlich auf)
Ha ha ha ha!
So!?
mf
(schlägt auf den Tisch, ingrimmig, ihm in's Gesicht)
Nun, ein And'-rer verhehl's: Thut mir leid um Euch, dass Ihr
König.
Was habt Ihr?
p
f
p
Eng-län-der seid!
Das thu' ich!
(einlenkend)
Das heisst,
K.
(gereizt)
Ihr hal-tets für Unglück, englisch zu sein?
sf
sf
fp
(derb)
(treuherzig)
geh'n wir nicht zu weit, und möcht ich auch flu-chen potz Stein und Bein, hab'
mf
p

Poco meno mosso.
Th.
doch ein eng - li - sches Herz im Leib! Alt - eng - land für im - mer, Alt -
mf
Più mosso. (Allegro assai.)
eng - land für immer, so lang ich's noch treib'!
(dem König in's Gesicht)
A - ber der Kö - nig,
p
f
der steht mir nicht zu Gesicht, der taugt nichts... Das ist kein Kö - nig nicht! Potz
cresc.
Harriet (fast ängstlich)
Was wird da ge scheh'n?
König (mit ruhiger Würde)
Poco meno mosso. ♩=138 (Allegro moderato.)
Noth und Tod!
Ihr ur-theilt streng! Wesshalb solches Schmäh'n? Geht's
pp
tr
Ha.
(warm)
O si - cherlich nicht, er ist reich an Huld!
K.
schlecht im Land, ist es des Kö - nigs Schuld?
Thomson.
So dacht' auch

vivo
Th.
ich, a-ber das ist vor-bei! Ich er-zähl' Euch ei-ne „huld-vol-le" Schelme-
f
p
(der König springt erregt auf)
rei! Na, bleibt nur in Ruh! Urtheilt sel-ber! Setzt Euch, hört zu!
f
p
tranquillo
Ich ha-be ein ein-zi-ges Kind, ein Mä-del, wie man's so
bald nicht mehr findt, das war ver-spro-chen zur Eh' n'em Mann, der wa-cker vom
wie vorher
Quasi Recit.
Scheitel zur Zeh'! Die Hochzeit ist
mf

an - gericht'... die Sipp-schaft ist da mit

fro-hem Ge - sicht... 's hat Geld ge-kostet und baar...

Animato.
(springt auf)

da reisst man ihn weg, so recht vom Al-

(haut auf den Tisch
und schreit dem
König in's Gesicht)

tar! Und wa-rum? Na, warum?

(lacht auf)

Ha ha ha! Ach! es ist wirklich zu dumm!

Più Allegro. ♩=184

(die Hände in den Hosentaschen, sich breit hinstellend)

Th. Weil er ein Pfeifchen sich schmecken liess! Jetzt frag'ich,

was küm-mert den Kö - nig dies? Hätt' er ihn nur aus dem Dienst gejagt, ich

(wüthend)

hät - te nicht Maul dazu ge-sagt! Aber, dass er ge - - fes - selt!

Animato.

Th. Potz Noth und Tod, ich wer - de vor Gal - le ganz

cresc.

Tempo I. ♩=144 *(Allegro moderato.)*

Th. pu-terroth! Muss an die Luft ein we-nig geh'n. König(für sich)

(hat sich

Auf

Tempo I. ♩=144 *(Allegro moderato.)*

Er sprach von Cal-vert.

212

(die Mütze auf den Kopf gedrückt)(steckt die Pfeife in den Mund, ab nach rechts)

Th.

Wie-dersehn!

Harriet (nimmt ein zierliches Pfeifchen (für sich)

König (der Thomson verblüfft nachgeblickt)

Jetzt ist es Zeit!

Das war der Teufel in Person!

Flöte.

Allegro moderato. ♩. = 132

heraus, jenes Calverts, das sie sich stopft. Der König sieht ihr verwundert zu.)

K.

Was

Harriet (harmlos)

Mein Pfeif - chen sto - pfe ich.

(entsetzt)

thut Ihr da?

Wie? Hör' ich recht? O fürch-ter-

K.

Z. 1945

Poco meno mosso.
K.
lich! Wo-hin ich ging, wo-hin ich geschaut, be-geg-ne-te mir dies Teu-felskraut!
Tempo I.
Harriet (weiter die Pfeife stopfend)
Was ich täg-lich thu,
K.
Ihr wisst es nicht, was Ihr da thut?
Tempo I.
Ha
'sist gar gut.
(sie wehmüthig anblickend)
K.
Ei-nes En-gels Ge-ha-ben, ei-nes En-gels Ge-
K.
stalt— und doch so ver-derbt! In des Teu-fels Gewalt!

Andante con moto.
K.
Habt Ihr es denn nie vernommen? Das Rauchen ist aus der Hölle gekommen, um die
Harriet (dreht
Ich
Menschen in Sünde zu verstricken, dem Raucher sitzt der Teufel im Rücken.
sfz
p
sich um, naiv)
Ha.
konnt' den Teufel nie noch erblicken! Verzeiht mein lieber Herr, Ihr wisst wahrhaftig nicht, was Rauchen ist! Wollt Ihr mich hören, so will ich's erklären!
pp
Allegro moderato. ♩= 120
Als Adam aus dem Para-
p
molto legato

dies von Gott ver - trie - ben ward, da war ihm, als er es ver - liess.

animato

zu Muth nicht son-der Art. Da schlich er hin ganz jam - mer - voll und

seufz - te tief! Ach ja!_____ Dass aus dem Pa - ra - dies ich soll, das

tranquillo   Tranquillo.

geht mir wirklich nah,_____ ja wirklich nah! Es spross-te an des

pp

Gar - tens Rand ein Kräut-lein zart und jung; er pflückt es ab mit sei - ner Hand, nahm's zur Er-in-ne-rung; er küsste es, welch' hol-der Ge-schmack! Ein Duft ihn

süss um-kreist! Dies

Kräut-lein nannte er Ta-bak, wie's auch noch heu-te heisst.

Und rau-chen für-der Alt und Jung und dies ist ganz ge-wiss

ge-schieht es als Er-in-ne-rung an's schö-ne Pa-ra-dies!

wie vorher.
König.
Ich füh - le Mit - leid, tie - fes Mit - leid!
mf (Cello)
p
K.
espressivo
Seht, Ihr raucht, weil Ihr es nicht versteht! Ich könnte
wei - nen, da Ihr so ver - führt und war - ne Euch! Seid durch mein Flehn ge -
Harriet.
Wie? So be - wegt?
rührt! Seid durch mein Flehn ge - rührt!
Più mosso. (Allegro.) = 160.
Ich lieb - te Euch ja sonst so sehr nicht, wie ich es thu! O

K. hört! Ein Freund, ein Va-ter bit-tet Euch! Ja, ein Va-ter

Harriet (steht sinnend).

Moderato. (Das ♩ etwas

Ihr habt ge-siegt! Liebt Ihr mich

K. bit-tet Euch!

marcato

schneller als vorher die ♪) ♩=104.

Ha. va-ter-gleich, bin ich ein ech-ter Sohn! Dies Pfeifchen hier, das feind ist Eu-rem Bli-cke zer-

(will's thun, hält inne)

vivo

Ha. bre-che ich in tau-send Stü-cke! Doch nein! zu-vor bitt' ich mir et-was

mf

p

sf

Ha. aus! Leicht scheint Ent-sagen dem, der nie ge-noss. Ihr

König.

Was wä-re dies? Nur frisch her-aus!

219

Ha.
wüsstet nicht, wie sehr mein Opfer gross, eh' Ihr das Opfer kennt! (ungeduldig)

K.
Was wollt Ihr nur?

Hu.
Ich bit-te schönstens_und das müsst Ihr thun, eh' Eu-rem Wunsche ich ge - nü-ge_

Più mosso.

Ha.
raucht aus dem Pfeif-chen da____ nur ein paar Zü-ge! (entsetzt die Hände vor sich streckend)

König.
O va-de ret - ro,

K.
Sa - ta - nas! Um kei-nen Preis er - füll' ich das!

Moderato.
espress. (Harriet steht tief gekränkt)

Z. 1945

Ha.
Die Klei-nigkeit ist Euch zu schwer? Ich opfre Eu - rem Wun-sche mehr: Ein
Gut wie Luft und Augenlicht! Die Kleinigkeit ge-währt Ihr nicht? Nun
mf
dim.
p
Allegretto agitato. ♩. = 92.
seh' ich's klar, Ihr habt nur ge-spielt, habt so warm wie
pp
ich, nicht ge-fühlt! Ich ward ge-täuscht, ich ward ge-narrt,
hab' auf mein Glück ver - ge-bens ge-harrt. Die Blu - me, kaum zum

poco rit. a tempo
Hn.
Lenz er-wacht, sie neigt ihr Haupt in To - desnacht! Lebt wohl, theurer Herr!
più pp
pp
Vergeb' Euch Gott! Ihr stahlt mein Herz und liesst mir Eu-ren Spott!
König
Halt ein!
Poco più mosso. (Allegro.) ♩. = 126
(für sich, geärgert und gerührt)
(zu Harriet mit liebenswürdigem Vorwurf)
K.
Der Jun-ge hat mir's an - gethan! Was wollt Ihr von mir?
p
Harriet (flehentlichst, aus der Rolle fallend, die Pfeife hinreichend).
Be - ster Herr! Nur ein paar Zü - ge aus dem Pfeif - chen hier!
(man sieht, wie schwer es ihm wird)
Mein lie - ber
f
Jun - ge, nein, es kann nicht sein! Heischt je - de and' - re Gunst!

Harriet.
Nichts, gar nichts in der wei-ten Welt, als die-ses Ei - ne! Ein paar Zü-ge
(weint)
nur...
(in Thränen)
Ein paar Zü-ge, wollt Ihr tief-stem
König.
(für sich)
Ihr wei - net? Selt-sam!
Leid nicht preis mich ge - ben! Es hängt da-ran mein Heil, mein Le-ben! Er-
(ihm zu
Füssen stürzend)
bar - - - - - men! Er - bar - - - - -
men! O raucht!
cresc.
dim.

Ha. sonst ster - be ich zu Euren Fü - - ssen!

Poco più mosso. *(Allegro.)*

(springt auf,

Ha.

König (bekümmert).

(Mit Entschluss)

Nein, sü-sser Jun - ge, ster-ben sollst Du nicht! Gieb her!

giebt ihm die Pfeife)

(Sie zieht Feuerstahl und Schwamm hervor.)

Ha. tau - send Dank!

(für sich)

K. „Er spricht, wie

(Harriet schlägt
ungeduldig Feuer)

K. Ja - kob vom Ta - bak!" Der dum me Narr soll das nicht wie - der sa-gen!

Z.1945

Ha. Ihr nehmt das Pfeifchen in den

K. (unbeholfen mit der Pfeife hantirend)
Wie raucht man eigentlich und wo?

Ha. Mund und zieht!

K. Nun denn, mit Gott! Dem Him-mel em-pfehl'ich mei-ne

(höchst erregt)
Ha. Es brennt schon!

K. (nimmt die Pfeife in den Mund, Harriet giebt ihm Feuer)
ar - me sün - di - ge See - le!

Ha. Seht, es glüht! Nun zieht! Zieht!

cresc.

Harriet.
(Der König raucht)

(für sich, jubelnd)

Mein George ge - ret -

Ha.

tot!

Ha.

(für sich)

Er macht da - zu ein ganz ver - gnügt Ge - sicht!

4. Scene. Rich und Isabella (kommen von rechts in Matrosenkleidern).

Isabella.

(eigensinnig und lustig)

Rich.

(beim Eingang)

Ich warn' Euch, bitt' Euch, bleibt hier nicht.

Ich

I.

will's! Ihr müsst mich in die Schen-ke füh-ren, will heut' Al - les durch-pro-bi-ren!

Harriet.
Nun Herr, wie thut's? 'Sist schon genug... ich dank Euch!
K.
(raucht)
Ei lasst nur!
I.
(leise, höchst erstaunt)
Dies ist der Kö - nig ja!
Rich (leise zu Isabella).
Täuscht mich nicht der Lam-pe Licht?
K.
Ich geb's Euch gleich... Mein Seel', das ist so
poco cresc.
R.
Ver - klei-det! Und wie er raucht!
(nimmt die Pfeife aus dem Mund und greift sich an den Kopf)
K.
ü - bel nicht! Jetzt wird mir's son - der-
p
Harriet (will die Pfeife nehmen).
So gebt!
K.
(raucht wieder)
bar ganz plötzlich! Nein, lasst!

5. Scene. Vorige. Die 3 Lords (kommen rauchend aus der Hinterstube.)

(Die Genannten treten vor und verbeugen sich.)

K. La - dy I - sa - bel - la? Ist das ein Gaukelspiel der Höl - le? Ihr

cresc. e animando

Isabella.

Ich nicht!
(zornig)

K. raucht? Ihr rauchet Al - le! Hat man Euch end-lich in der Fal - le?

f

6. Scene. Vorige. Die **3 Ladys** mit ihrem Gefolge (von rechts).

Allegro moderato. (sie erblickend)

K. Die Damen hier! Kommt auch zum Rauchen Ihr?

f *sf* *p*

Lady (sich verbeugend).
O Ma - je - stät!
Gräfin.
O Ma - je - stät!
Herzogin. (auf die Lords deutend)
O Ma - je - stät! Nur die Ver - rä - - ther gilt's zu ent -

p

7. Scene. Vorige. Narr. Calvert. Constabler. 229
Zum Schluss Thomson. Wirth und Chor kommen
nach und nach neugierig aus der Hinterstube.

N.
gut, Du kannst zum Buch sie machen, Dann hat die Menschheit wieder was zum Lachen!

(dem König ins Ohr)

Calvert.

N.
(laut, auf Calvert deutend)
Doch Cal-vert hier lass frei! Er ist kein Dieb!

Ich

espressivo

Harriet.

Ca.
schwör's bei al-lem Heil, das mir blieb!

(für sich)
Gott

König.
So sei denn frei!

cresc. -

Ha.
Dank!

K.
(Es werden Calvert die Fesseln gelöst.)
Doch will ich Euch nicht seh'n! Ihr habt ge-raucht! Es war ein

p

K.
schwer Ver - geh'n!
(Harriet nähert sich dem König.)
Harriet (dem König von rückwärts über die Schulter).
pp
Ich mel-de mich ganz unterthä-nig,
Allegro moderato.
(tritt vor den König.)
Ha.
ich bot ein Schach und Matt dem Kö - nig!
Calvert.
(für sich)
Das ist ja Har-riet!
Ha.
So man den Kö - - nig
C.
Sü - sse Braut!
pp
Ha.
trifft mit ei-ner Pfei - fe qual - mend schwer, sei Cal - vert wie-der Se-cre -

(Allgemeine Bewegung.)
Ha.
tär.
König.
Was sagt Ihr da, mein Ga-nymed?
Ich bin ein
espress.
Mädchen, Majestät, bin Har-riet Thomson, Calvert's Braut.
Narr.
Seht da! Was sich die
(nimmt dem König die Pfeife)
Dies Pfeif-chen hat ihn zu Fall gebracht
N.
Klei- - -ne traut!
und hat es jetzt wieder gut gemacht.
König.
(für sich)
Ja,
mf
p

K.
Schach und Matt!
(zu Calvert)
Wir gaben unser Wort
Thomson (sich hervordrängend)
Poco più mosso.
Der Kö-nig Ihr? Da
K.
Wir müssen Euch ver-zeihn.
mf
dim.
Isabella.
Und da der Kö-nig hul-dig-te dem Tabaksrauch,
Th.
meine Hand! Jetzt bin ich wieder gut.
(schüttelt dem König derb die Hand, küsst dann Harriet.)
p
I.
so er-lau-ben wir es den Män-nern auch.
König.
(für sich)
Raucht, raucht, so viel es Euch ge-fällt! Und
mf
K.
doch ist Rau-chen Thor-heit die-ser Welt!

Moderato.
Harriet (kniet).
Heil Kö - nig Ja - kob, un-serm gü - ti - gen Herrn!
Calvert (kniet).
Heil Kö - nig Ja - kob, un-serm gü - ti - gen Herrn!
Narr.
Nun erst strahlt Dei-ner
Moderato.
Isabella.
Heil Kö-nig Ja-kob, unserm gü-ti-gen Herrn! Heil un-serm Herrn!
Lady Chandos.
Heil Kö-nig Ja-kob, unserm gü-ti-gen Herrn! Heil un-serm Herrn!
Harriet.
Heil Kö-nig Ja-kob, unserm gü-ti-gen Herrn! Heil un-serm Herrn!
Gräfin.
Heil un-serm Herrn!
Herzogin.
Heil un-serm Herrn!
Lord Rich.
Heil Kö-nig Ja-kob, unserm gü-ti-gen Herrn! Heil un-serm Herrn!
N.
Weis-heit Stern!
Ten. I.
Heil Kö-nig Ja-kob, unserm gü-ti-gen Herrn! Heil un-serm Herrn!
Ten. II.
Bass. I. Chor.
Heil un-serm Herrn!
Bass. II. (Wirth mit den zweiten Bässen bis zum Schluss.)

Z. 1945

Poco più mosso.
(Der Vorhang fällt.)
I.
Ja - - - - kob!
L.
Ja - - - - kob!
Ha.
Ja - - - - kob!
G.
Ja - - - - kob!
H.
Ja - - - - kob!
R.
Ja - - - - kob!
Ca.
Ja - - - - kob!
N.
Ja - - - - kob!
Th.
Ja - - - - kob!
Ja - - - - kob!
Ja - - - - kob!
Poco più mosso.

www.ingramcontent.com/pod-product-compliance
Lightning Source LLC
Chambersburg PA
CBHW030406270326
41926CB00009B/1285